KB125525

기분의 디자인

기분의 디자인

자기만의 감각으로 삶을 이끄는 기술

아키타 미치오 지음 ― 최지현 옮김

웅진 지식하우스

남들과 스스로를 비교하게 될 때,

이대로 괜찮은 건지 초조할 때,

아무리 애써봐도 자신감이 생기지 않을 때.

일에서나 인생에서나 고민스러운 순간이 있죠.

그럴 때 우리는 어떤 방식으로 생각하면 좋을까요?

아키타씨는 이렇게 말합니다.

기대를 내려놓으세요.

세상에 대한, 가족에 대한, 친구에 대한.

그리고 나에 대한.

아키타 미치오.

70세. 제품 디자이너.

켄우드, 소니 등의 제조업체에서 제품을 디자인했습니다. 프리랜서로 독립한 후에는 길에서 흔하게 볼 수 있는 LED형 신호기와 교통 IC카드 충전기, 도라노몬 힐즈의 보안 게이트 등 공공시설의 기기를 디자인했습니다.

그 밖에도 커피메이커, 한 병용 와인냉장고, 문구, 돌솥 냄비, 아기 비누와 가방에 이르기까지 일상생활과 관련 있는 제품 디자인에 폭넓게 참여했습니다.

2020년에는 세계에서 가장 받기 어렵다고 알려진 독일 디자인 어워드German Design Award에서 최우수상을 수상했고 현재도 현역 디자이너로 활약하고 있습니다.

아키타 씨는 말을 중요하게 생각합니다. 20년이 넘도록 자신의 문장을 블로그에 기록해왔고, 2021년 3월부터는 트위터에 자신이 생각하는 것과 느낀 것을 올리기 시작했습니다.

디자인은 하룻밤 재우는 게 좋다.
하지만 그보다 더 중요한 건
디자이너가 잠을 잘 자는 것이다.

끊임없이 책을 읽고 다양한 것을 자주 보세요.
그리고 끊임없이 잊어버리세요.
그 후에도 남는 것이 당신의 지식입니다.

그의 트윗은 사람들의 마음을 사로잡았고 순식간에 널리 퍼져 불과 이틀 만에 7만 명이 넘는 사람이 그를 팔로우했습니다. 현재 팔로워 수는 10만 명이 넘습니다.

단순하면서도 본질을 놓치지 않는 그의 글을 접하며 일상 속 고민과 초조함, 부담감은 사라지고 마음이 한층 가벼워졌다는 사람들이 많습니다.

아키타 씨는 '좋은 기분으로 있는 것'이 중요하다고 반복해서 말합니다.
어떻게 하면 좋은 기분이 될 수 있을까요?

좋게 생각하려고 노력하는 것이 아닙니다.

정말로 기분이 좋은 것뿐입니다.

이 책은 아키타 씨와 나눈 이야기를 대화문 그대로 담았습니다. 아키타 씨에게 질문을 던지고 대답을 들으며 하루하루 기분 좋게 지내기 위한 단서를 몇 가지 찾을 수 있었습니다. 주위에 흔들리지 않고 자기만의 감각으로 삶을 가꿔나가는 아키타 씨만의 단순하고도 단단한 사고방식을 만나게 될 것입니다.

차례

1장 기분의 디자인

2장 인간관계의 디자인

3장 일의 디자인

4장 감성의 디자인

『기분의 디자인』.

참 그럴듯한 제목이죠?

이 책을 내게 된 계기는 트위터입니다.

어느 날 트위터에 이런 글을 올렸어요.

"좋게 생각하려고 노력하는 것이 아닙니다.

정말로 기분이 좋은 것뿐입니다."

실제로 어릴 때부터 늘 기분이 좋았기 때문에

그 사실을 특별하게 의식한 적이 없었습니다.

어느 날 제 북토크에 참석한 분이 올린 글을 봤어요.

"아키타 씨는 오늘도 기분이 좋더라.

좋은 기분은 디자인할 때도 중요한가 보다"라고요.

그때부터 기분이 좋다는 건 제가 가늠한 것보다

가치 있는 일이라고 생각하게 됐습니다.

그 이후로 '기분' '좋은 기분'이 트위터 주제가 되었죠.
제 트윗을 읽은 출판사 직원들은
'아키타 미치오 씨의 일상이 즐거워 보이는 건
아무래도 늘 좋은 기분을 유지할 수 있어서인 것 같다'
이렇게 의견 일치를 보신 것 같더군요.
그래서 자연스레 이 책의 제목은 '기분'과
제가 일하는 분야인 '디자인'을 조합했습니다.

이 책을 읽는다고 내일부터 일이 잘되거나
갑자기 성공하지는 않을 거예요.
다만 일상생활에 필요한 정서를 받아들이는
감수성이나 자신과 주변을 둘러싼 관계에
살짝 윤기를 더할 수 있을지도 모릅니다.
하지만 아무쪼록 지나친 기대는 하지 말고
읽어주세요.

제품 디자이너 **아키타 미치오**

1장

기분의 디자인

" 좋은 기분을 유지하려면
주위에 기대하지 말 것 "

좋은 기분을 유지하려면
주위에 기대하지 않는다.
나 자신을 아름다운
풍경이라고 생각한다.

"집을 나설 때는 유머와 좋은 기분을
주머니에 넣어두자."
저는 이 문장을 아주 좋아합니다. 제가 썼지만요.

좋은 기분을 가지고 다닌다는 건 멋진 생각이네요. 경쾌한 느낌도
들고요.

나 자신을 풍경이라고 생각했을 때 이왕이면
아름다운 풍경이면 좋겠다고 바라기 때문입니다.
그래서 좋은 기분을 유지하려고 노력해요.
주변에서 보면 내 모습도 풍경의 일부일 뿐이거든요.
세상이 아름답길 바란다면 그 풍경의 일부인 나부터
먼저 그렇게 되자는 거죠.
제가 좋은 기분을 특별히 더 강조하는 이유입니다.

단순히 기분이 좋아서라거나 주변 사람에게 좋은 사람으로 보였
으면 해서가 아닌 거군요.

그건 마음대로 되는 일이 아니거든요.

호수에 쇠도끼를 떨어뜨리면 금도끼, 은도끼로

돌아온다는 허구와도 같은 말이죠.

절대로 아무 일도 일어나지 않아요.

좋은 기분을 유지한다는 건 결국

기대하지 않는 것과 일맥상통합니다.

나 자신을 아름다운 풍경의 일부라고 생각하면 타인과의 소통 방

식도 달라질까요?

예를 들어 처음 만나는 사람에게 하는 인사는

상대와의 적절한 간격을 측정하기 위한 수단입니다.

"안녕하세요"라고 인사를 했을 때 상대가 기분 좋게

받아주는지 아니면 말없이 받아주지 않는지

그 차이에 따라 거리를 어느 정도로 유지해야

하는지 가늠할 수 있게 돼요.

그러면 불필요한 마찰이 없어져요.

마찰이 생기지 않는다는 건 기분을 유지하는 데

아주 중요한 핵심이 되거든요.

인사가 형식적인 예의나 매너가 아니라 서로의 간격을 측정하기

위한 기술이라는 생각이 놀랍네요.

돌고래나 박쥐는 초음파를 내보내서

동료와의 거리를 측정한다고 하죠.

그것과 비슷한 감각이에요.

내가 초음파를 내보냈는데

상대가 응답하지 않는다고 해도

뭔가 달라지는 건 없어요.

기분 좋은 초음파로 대답하는 사람과는

교류가 생길 가능성이 높아지겠지만

그것에 집착할 필요는 없어요.

풍경으로서의 나를 아름답게 유지하려는 기분을

갖는 것만으로도 상당히 큰 여유가 생깁니다.

사람은 주변 환경에
좌우되기 마련이다.
부정적인 영향은 참지 말고
그 자리에서 벗어난다.

기분 좋게 일하고 생활하기 위해 특별히 신경 쓰는 것이 있나요?

내가 지금 편안한 상태인지 민감하게 살피고
편안한 감정을 유지하기 위한 노력을 아끼지 않아요.

자세히 설명해주겠어요?

싫은 기분이 들거나 피곤하다고 느끼면
그 자리에서 벗어나는 거죠.
장소도 그렇지만 사람에 대해서도 마찬가지예요.
전철을 탔는데 내가 탄 칸에 짜증 나는 사람이 있다면
즉시 다른 칸으로 옮기는 수고를 예로 들 수 있겠네요.
친구와 카페에 가서 커피를 주문한 후라고 해도
에어컨 위치 때문에 불편하다면
주저 않고 자리를 바꿔달라고 하거나
때에 따라서는 그냥 가게를 나오기도 해요.

굳이 힘들게 적응하려 하지 않고 그 상황을 벗어나는 쪽을 택하는
거군요.

남에게 손해를 끼칠 만한 일이 아니라면요.
'내가 먼저 그 자리에 있었으니까'라는 사실에
이상하게 집착하는 사람도 있지만,
저는 안 좋은 영향을 계속해서 받는 상황을
정말 못 참거든요.
마음에 여유가 없는 사람 옆에 있으면
저까지 엉망이 되는 경향이 있어요.
바쁜 사람 근처에 있으면 저도 덩달아 마음이 급해지죠.
머릿속으로 그 사람의 일상생활을 떠올리다가
지갑을 깜빡하고 나왔던 적도 있어요.
저만 그런 게 아니라 모든 사람이 그렇습니다.
사람은 환경에 영향을 받는 존재입니다.
그래서 스스로와 주위를 민감하게 살피는 일은
굉장히 중요하다고 강조할 수밖에 없어요.

동기부여를 너무 믿지 말아요.
그건 날씨 같은 거예요.
좋은 날씨, 나쁜 날씨에 좌우되면
일은 안 되기 마련이에요.

소심해도 괜찮다.
소심해도 결과가 나오는
방법은 생각할 수 있다.

———————————————————

평소에 자전거를 자주 타는데요

자전거 벨은 거의 울리지 않습니다.

앞에 부딪힐 것 같은 사람이 있거나

마주 오는 차가 있으면 제가 피하면 되거든요.

상대를 움직이게 하려는 행동은 하지 않아요.

당하는 상황에 처하면 유쾌할 리가 없잖아요.

다른 사람과 마찰을 일으킬 만한 행동을 하지 않는다는 거군요.

그렇게 사소한 부분까지 신경 쓰는 이유는

저 자신이 소심한 성격에 겁쟁이라서 그래요.

제가 소심한 사람인 걸 알고 있으니

최대한 사람과 부딪칠 만한 일을 하지 않는 거예요.

그렇지만 일할 때는 그렇게까지 겁쟁이가 아니라는

점이 참 재미있죠.

일상생활을 보낼 때와 일할 때는 어떻게 다르죠?

어느 유명 럭비 선수가 그러더군요.

운전면허는 있지만 갑자기 길에서 사람이나 차가

튀어나올까 봐 무서워서 운전을 못 하겠다고요.

그래서 늘 누군가에게 부탁한다고요.

전 그 마음을 너무 잘 알아요.

일할 땐 상호 조건을 이해하니까 대담해질 수 있지만,

일상에서는 누가 어떤 기분인지 몰라서 무서운 거예요.

별일도 아닌데 겁을 내는 정도로 소심한 거죠.

상당히 고난도의 대응이 필요할 것 같은데요.

전 '지는 게 이기는 것'이라고 생각합니다.

늘 그랬다고 장담은 못 해도 대체로 그런 결과를

가져오지 않았나 싶어요. 덕분에 올해 70세지만

여전히 현장에서 즐겁게 일하고 있어요.

어디까지 밀고 어디에서 당겨야 하는지 균형을 잡는

방법도 경험을 통해 점점 더 정확해지고 있습니다.

이 나이가 되어서야 비로소 인생의 퍼즐이

맞아떨어진다는 느낌이 들어요.

저는 정말 행복한 사람이지요.

앞에 한눈을 팔면서 걸어오는 사람이 있다면
제대로 앞을 보고 있는 사람이 피하게 되죠.
불합리하지만 그런 법이에요.

최고의 친절은
상대방이 그 친절을
깨닫지 못하도록 하는 것.

SNS에 올린 "신경 쓰는 사람은 손해를 보고 눈치 빠른 사람은 이득을 본다"라는 글이 무슨 뜻인지 자세히 들려주세요.

자신을 소모하느냐 아니면 있는 그대로 있느냐,

그 차이예요.

신경을 쓴다는 건 남의 시선에

감각을 곤두세우고 있다는 느낌입니다.

반면 눈치가 빠르다는 건 한 발 앞서서

상대방을 기쁘게 만든다는 이미지가 있어요.

뭐라고 해야 할까요.

친절을 베풀면서 스스로 즐기고 있다는 느낌이죠.

상대방을 신경 쓴다는 건 그 사람의 안색을 살펴야

하니 결과적으로는 딱히 필요 없는 일까지 하게 될

수도 있어요.

지나친 친절이 오히려 독이 되는 경우입니다.

눈치가 빠른 행동은 미리 하는 거예요.

상대가 깨닫기 전에 이미 친절이 끝나 있어야 해요.

목마르다는 걸 깨닫기 전에 음료수가 나오는 것.

문 앞에 서 있으면 문이 저절로 열리는 것.

이와 같은 배려들이 미리 하는 친절이죠.

신경을 쓰는 건 수동문이고 눈치가 빠른 건 자동문과

같다고 말할 수 있겠네요.

수동문은 매번 직접 여닫아야 하니 피곤할 수밖에요.

피곤한데 어째서 직접 문을 여닫는 걸까요?

물론 처음에는 손익을 따진 게 아니라

순수하게 친절한 마음으로 시작했을 거예요.

자기를 위해서 누군가가 직접 문을 열어주면

당연히 그 상대가 친절한 사람으로 보이겠죠.

그런 사람은 잘 없으니까요.

그런데 매번 그러면 오히려 받는 쪽은

부담스럽게 느낄 수도 있어요.

그게 참 어렵죠. 심지어 친절을 베푸는 사람은

그 사실조차 알아차리지 못해요.

저라면 '매번 신경 쓰게 만들어서 미안하네'라고

생각할 것 같거든요.

분명 날 위해 신경 써주는 건데 마음이 참 무겁죠.

서로에게 안된 이야기예요.

좋은 일을 하는 건데 오히려 불편하게 만드니까요.

문을 계속 열어줬는데 어쩌다 안 열어주면

'어? 오늘은 안 열어주네?'라며 서운해할 수도 있죠.

신경 쓰는 일은 본인은 물론이고

상대방의 마음도 무겁게 만듭니다.

그것보다는 '어? 이 사람이랑 있으면 마법처럼 문이

척척 열리네?'라는 느낌을 주는 게 낫지 않을까요?

말하자면 눈치가 빠르다는 건 행위 자체가

자연스럽게 상황에 녹아 있는 거예요.

마치 처음부터 그랬던 것 같은 느낌을 주기 때문에

받는 쪽에게 부담을 주지 않는 배려입니다.

문에 빗대어 이야기했지만 일할 때 생기는

소통 과정에도 해당하는 이야기가 아닐까요?

05

애용은 하더라도
애착은 갖지 않는다.
중요한 것은
사람의 마음이다.

_____

아키타 씨는 특정 인물이나 조직, 브랜드에 집착하지 않고 적절한
거리감을 유지하는 게 느껴져요.

맞아요. 그러면 마음이 가벼워져요.
장소도 마찬가지예요.
도쿄의 여러 장소, 오사카, 나고야, 니가타 등
그 어디를 가더라도 즐겁습니다.
바꿔 말하면 특정 장소에 특별한 의미를 두지 않고
그때 그 순간에 만나는 사람들과 관계성이
만들어내는 즐거움을 누리며 지냅니다.
저는 "애용은 하더라도 애착은 갖지 말자"라고
자주 말합니다.

애착은 좋은 말이라는 인상이 있는데요.

물론 사랑하는 건 좋은 일이죠.
하지만 애착은 곧 집착을 나타내기도 해요.

상대방에게 내가 한 만큼을 바라거나
지나치게 의존하게 될 때도 있어요.
'이것이 아니면 안 돼'라는 집착은
건강한 사고방식이 아닙니다.
사람이든 사물이든 영원할 수는 없고
때로는 무너질 때도 있어요.
그런 각오를 전제로 관계를 맺어야 해요.

그렇네요. '이 세상에 영원한 것은 없다'라는 전제라면 애착은 위험하겠네요.

맞습니다. 상대방에게 너무 기대하지 마세요.
애착이 지나치면 대부분 실망이 생겨납니다.
중요한 것은 나 자신을 잃지 않는 거예요.
특정 대상에 지나친 애착을 가진 탓에
인간이 좌지우지되면 안 되니까요.

기대하지 않아요.
특별함을 바라지 않아요.
억지로 보람을 찾지 않아요.

06

새로워 보이지 않더라도
다시 보면 새로움이
숨어 있어요.

아키타 씨가 70~80년대에 만들었던 오디오는 지금 다시 봐도 신선하고 감각적인 디자인 같아요. 이처럼 싫증 나지 않는 디자인을 하는 비결은 뭘까요?

감사합니다. 그렇게 생각해주시니 기쁘군요.
어떻게 하면 싫증 나지 않는 디자인을 만드느냐,
이런 질문에 늘 하는 대답이 있습니다.
"이미 싫증 난 것을 사용하면 됩니다"라고요.

이미 싫증이 난 것이 어떻게 새롭게 느껴질 수 있을까요?

옛날부터 계속 쓰고 있는 것은
결과적으로 싫증이 나지 않았다는 뜻도 되죠.
그러니 앞으로도 싫증 날 일이 없어요.
제가 장난처럼 하는 말이긴 한데 진실에 가깝습니다.
기발한 디자인은 변화를 버틸 수 없어요.
중요한 것은 실용성이죠. 형태 자체로 승부를 보려고

하지 않는 편이 좋다는 의미입니다.

이해되네요. 롱 라이프 디자인의 공통점은 뭐라고 생각하나요?

편안함이 아닐까요?

계속 사용해도 피곤하지 않고 보기에 싫증 나지 않는 것.

그리고 약간의 풍족함.

쉽사리 자극을 주려는 장식이나

과도하게 존재를 드러내는 기능은 없지만,

거리 풍경과 사람들 생활에 자연스럽게 어울리면서

어느새 불편함을 쏙 해결해주는 것.

티 안 나게 도움이 되는 편안함.

저는 그런 디자인을 만들고 싶었어요.

말도 마찬가지입니다.

요즘 사람들이 주고받는 말 대부분은

너무 시기를 타는 것 같아요.

금방 유행이 지나버리거나 재빠르게 받아쳐야 해서

다들 피로감을 느끼지 않나요?

오늘도 내일도 10년 후에도 마음에 남을 말을

슬쩍 곁에 두세요.

영어는 되도록 적게 쓰고, 오랫동안 사용해와서
모두에게 익숙한 말을 고른다면 이해하기 쉽고
상대방과도 편하게 관계를 맺을 수 있지 않을까요?
사실 '롱 라이프'를 '오래 가는'이라고 번역하면
좀 맛이 떨어지긴 하지만요.
디자인도 문장도, 조합이자 고민이고
여백을 만드는 게 중요합니다.
딱히 새로운 게 없어도 어떻게 조합할지 고민하면
참신함이 나오기 마련이에요.
편안하지만 방심하지 않는 긴장감도 필요합니다.

07

길이 좁을 때는
짐을 들지 않는 게 좋다.

————————————————————————

오래 일을 하려면 적절한 휴식도 필요할 텐데요, 일과 여가 생활의 균형에 대해서 어떻게 생각하나요?

저 같은 경우에는 딱히 야단스럽게 놀지 않았어요.
제 윗세대가 젊은 시절 화려하게 놀았다고 하더군요.
금요일 밤늦게까지 야근하고 그대로 스키 타러 갔다가
월요일 아침에 스키장에서 바로 출근했다고 해요.
사고가 안 난 게 다행이라는 생각이 들 정도죠.
저는 쉬면서 몸과 마음을 회복할 필요성을 못 느껴요.
왜냐하면 밤을 새워 야근하는 사람을 못 본 척하면서
정시에 퇴근하거나 늦어도 9시 반에는 퇴근했거든요.
밤을 새운 경험은 회사원 시절부터 독립한 이후에도
손가락에 꼽을 정도입니다.
휴일에도 출근하지 않고 충분히 쉬니까
따로 쉬고 싶다는 마음이 들지 않더라고요.

굉장히 건전하게 들리는데요.

지금은 이런 이야기가 이상하게 들릴지도 모르지만,
당시에는 (지금도 그럴지는 모르지만요) 디자이너라면
체력이 강해야 살아남는다는 말이 있었어요.
그런 분위기 속에서 "먼저 들어가 보겠습니다"라고
말하는 건 어떤 의미로는 대담한 디자인을 하는 것보다
더 용감한 행동이었죠.
저는 건전한 게 아니라 겁이 많아서 호기로운 일에는
뛰어들지 않았던 것뿐이에요.
뼛속까지 겁쟁이거든요.
예를 들어 디즈니랜드에 가도 롤러코스터를 못 타요.
탈 수 있는 놀이기구가 한정적인 안타까운 사람이에요.
과감하게 놀지 못하는 타입이죠.

주변에 지나치게 맞출 필요는 없다는 거군요.

잘 표현하면 그렇겠네요.
지금 와서 생각해보면 무모한 일의 대가는
나이가 들수록 확실하게 몸에 나타나는 것 같아요.
오래 계속 일하려면 적당히 겁쟁이인 편이
좋을지도 몰라요.

컨디션이 안 좋을 때는 어떻게 하시나요?

젊었을 때 후배 디자이너가 같은 질문을 한 적 있어요.
저는 이렇게 대답했습니다. "컨디션이 좋든 안 좋든
평소대로 그림을 한 장씩 그립니다."

그림이란 건 데생이나 스케치를 말하나요?

네, 일단 평소와 똑같이 한 장 그려보는 거죠.
그리다 보면 컨디션이 돌아와요.
실제로 저는 컨디션의 기복을 느낀 적이 거의 없어요.
감기 기운이 있어서 좀 나른하다 싶은 날에도
디자인 스위치를 켜면 언제 그랬냐는 듯 상관없어져요.
주변을 둘러봐도 컨디션의 변동이 적고
담담하게 지내는 사람이 오래 사는 것 같습니다.

컨디션 변동 폭을 줄이기 위한 비결이 있을까요?

감정을 너무 고조시키지 않고
의식적으로 평정심을 유지하는 것이라고 할까요?

가령 호텔 뷔페에 가면 평소 먹던 양보다
훨씬 더 많이 접시에 담아서 먹는 사람이 있죠.
전 그렇게 많이 담지 않아요.
보기 좋게 담고 싶어서 그런 것도 있지만,
'뷔페에서는 많이 안 먹으면 손해'라는 스위치를 켜서
과식하는 건 의미 없는 일로 치거든요.
뷔페에서는 비교적 가성비가 괜찮은 로스트비프 같은
걸 고르고, 그 외에는 정말로 먹고 싶은 것만 적당량
덜어서 먹습니다.
나 자신을 조절할 수 있는 범위를 늘 일정하게
유지하려고 노력해요.

걱정한다고 불안한 마음이 없어지지 않아요.

일단 잠부터 자도록 해요.

08

어른이 되어도
순진무구함을 잃지 않기.
현재의 내 모습과
가장 비슷하게 조정한다.

_____

최근에 사무실을 이사했는데요,

책을 정리하다 15년 전 대만에서 강연했을 때

찍힌 사진이 나와서 가져왔어요.

물론 지금보다 젊고 생기가 있지만,

얼굴에 웃음기가 없지 않나요?

일을 잘할 것처럼 야무지게 보이기는 하는데

제가 봐도 인상이 썩 좋아 보이지 않아요.

그에 비해 늘 싱글벙글 웃고 있는,

그야말로 '기분 좋은' 지금이 훨씬

인상이 괜찮아 보여서 마음이 흡족했습니다.

그렇네요, 비교해보니 표정이 훨씬 더 부드러워졌어요.

아마 그때 당시에는 좋은 기분에 가치가 있다는

사실을 몰랐을 거예요.

하지만 지금은 뭐라고 해야 할까요?

제 있는 그대로의 모습에서 크게 벗어나지 않았어요.

미세한 차이도 스스로 조정할 수 있거든요.

물론 누군가 제 모습을 사진 찍어준다면

상대방과의 관계에 따라서 표정에 큰 영향을

미칠 수 있겠죠.

하지만 결국 중요한 건 타인이 찍은 내 모습과

스스로 찍은 내 모습이 똑같아야 한다는 거예요.

저는 처음 만나는 사람과 일할 때는 먼저 그 회사의

홈페이지에 들어가 사진과 업무 실적을 비교하곤 해요.

일의 내용과 그 사람의 얼굴에서 풍기는 분위기가

일치하는지 확인하는 거죠.

트위터의 프로필 이미지를 야구모자를 쓴 캐주얼한 모습으로 바꾼 적이 있죠? 그건 어떤 의도가 있었나요?

당시 제 모습을 표현하기 위한 미세 조정이었어요.

'지금의 나', 조금 더 자세히 말하자면

'이렇게 보였으면 하는 나'의 모습으로 변경한 거죠.

매 순간 내게 딱 맞는 모습을 소중히 여기고 싶거든요.

그리고 최근엔 인물 사진의 표준이 웃는 얼굴로 바뀌고

있지 않나요?

프로야구 선수 명단의 사진을 봐도 과거에는 다들
무표정이었지만 지금은 거의 모두가 웃고 있잖아요.
메이저리그의 영향을 받은 건지도 모르겠네요.

아키타 씨가 생각하는 좋은 얼굴은 어떤 얼굴일까요?

어린아이는 어른이 되었을 때의 모습이
그려지지 않는 얼굴이 좋아요.
반대로 어른인 경우에는 어린 시절의 모습을
상상할 수 있는 얼굴이 좋고요.
말하자면 어린 시절의 순진무구함을
어른이 되어서도 간직하고 있는 사람이 좋습니다.

**순진무구함이 키워드로군요. 아키타 씨도 순진무구한 어른이 아
닐까요?**

순진하긴 해도 무구하지는 않아요.
숨기고 있을 뿐이죠.
이런 말장난이 어른의 순진무구함일지도 모르겠네요.

09

자신은 부드럽게
기분은 풍족하게.
인생의 디자인은 진한 연필로
쉽게 쓱 그린다.

_____

인생을 여유롭게 즐기는 어른의 존재는 젊은 사람에게 희망이 되

잖아요. 아키타 씨도 그중 한 사람이 아닐까 싶습니다.

솔직히 말하자면 전 지금 행복합니다.

인생을 풍족하게 즐기려면 건강이 우선이고,

금전적인 여유도 어느 정도 필요하겠지만

무엇보다 중요한 건 기분이 풍족해야 합니다.

풍족한 기분을 유지할 수 있는지가

인생의 만족도를 결정한다고 믿거든요.

기분이 풍족한 상태는 어떤 상태인가요?

글쎄요. 폭신하고 부드러운 느낌과 같겠죠.

따뜻하면서도 숨쉬기 편한 느낌이겠고요.

자신을 부드럽게 유지하려면

이것저것 따지지 않는 마음이 중요해요.

아마 대부분 사람은 풍족한 생활을 하고 있을 거예요.

하지만 늘 향상심이라는 이름으로 무언의 압박을
받고 있죠. 현실에 안주해선 안 된다는 마음을 갖고
사는 것 같아요.
누구를 위해서 위로 올라가고 싶은 걸까요?
잘 생각해보면 아무도 내게 그런 걸 요구하지 않거든요.
일단 냉정하게 현재 자신의 상태를 확인할 필요가
있지 않을까요?

판단 기준은 '마음의 평온'입니다.

정서의 기압 배치

O

이 책의 주제는 '주위에 흔들리지 않는 단순한 사고 방식'입니다만, 솔직히 저는 잘 흔들리는 데다 주변의 영향도 많이 받아왔기 때문에 어떤 시기만 따로 떼어내서 생각해보면 이 주제에 어울리지 않는 사람이기도 합니다.

하지만 '왜인지 매일 기분 좋게 싱글벙글 웃고 있다'라는 점에 관해서는 어느 시기를 잘라내 보더라도 균일한 단면일 겁니다. 이건 천성이라고 표현할 수밖에 없을 것 같군요.

중요한 점은 정서가 안정된 상태로 있어야 한다는 것입니다. 솔직히 늘 언짢은 사람이어도 괜찮습니다. 늘 기분이 언짢은 상태의 상대를 만나면 가까이 다가가지 않거나, 적절하게 상대하는 방법을 택하면 되거든요. 누구를 대하든 늘 기분이 언짢은 사람이라는 건 어떤 의미로는 평등해서 다행입니다.

정말로 힘든 건 변덕이 심한 사람이에요. 분명 어제

56

만났을 때는 기분도 좋고 사교적이고 싹싹한 사람이었는데, 오늘 만났더니 같은 사람이 맞나 싶을 정도로 태도가 무뚝뚝하게 바뀌는 사람 말이죠. 정서가 자주 변하기 때문에 변덕쟁이인 셈입니다. 미리 말 좀 해주면 좋을 텐데 싶어요. 나쁜 정서 예보가 있다면 우산이라도 들고 나가겠는데 말이죠. 그렇지 않나요? 그렇게 맑았는데 갑자기 폭풍우가 불다니 어찌 된 영문인지 알 길이 없습니다.

그렇다고 억지로 맑게 있을 필요는 없어요. 흐린 하늘도 괜찮습니다. 맑기도 하고 비가 내리기도 하는 건 스스로에겐 즐거운 일이죠. 상대방 처지에서 생각하면 살짝 흐린 날씨 정도가 마음이 편할 때도 있답니다.

세렌디피티

○

세렌디피티^{serendipity}. 혀가 꼬일 것처럼 발음하기 어려운 이 단어는 우연히 얻은 좋은 경험이나 성과라는 뜻입니다. 운 좋은 발견, 나아가서는 행복한 우연을 얻는 힘이라는 의미로도 쓰이고 있습니다.

저는 지금까지 세렌디피티 덕분에 생각지도 못한 귀중한 경험을 제법 해왔습니다. 신호등 일을 맡은 것도, 보안 게이트를 담당한 것도 그렇고 심지어 그 일이 또 다른 새로운 일로 이어지기도 했습니다. 이런 우연한 만남들이 없었다면 지금의 저는 없었을 거예요. 여러분이 읽는 이 책 자체도 우연한 만남이라 할 수 있겠죠.

어떻게 하면 그런 일이 일어나는지, 제가 전문가는 아니지만 한 가지는 말할 수 있습니다.

일단 누구를 만나든 살갑게 인사를 '해두는' 겁니다. 이건 예비 단계입니다. 다음 단계는 누가 하는 말이든 솔직하게 '받아들이기'입니다. 아마 우연한 만남은 누구에게나 공평하게 부는 바람과 같아서 특정 사람에게만 강하게 불지는 않을 것입니다. 하지만 바람을 느끼는 감성과 자세를 갖고 있어야 풍향의 변화를 느낄 수 있습니다. 춥다고 후드를 뒤집어쓰고 있으면 풍향의 변화조차 느낄 수가 없으니까요.

듣고 싶지 않다고, 날 내버려뒀으면 좋겠다고 생각하면 좋은 일도 날 내버려둘 거예요. 좋은 일은 부끄럼쟁이라서 안 좋은 일 뒤에 숨어 있는지도 모르거든요. 얘기하다 보니 너무 당연한 결론이 되어버렸지만, 결국 모든 걸 받아들이면 가끔은 좋은 일을 만날 수도 있다는 제 뜻은 충분히 전달되었으리라 생각합니다.

2장

인간관계의 디자인

" 누구에게든
늘 솔직하게 대하기 "

힘들게 호감을 얻으려
하지 않는다.
서로 지치지 않는
관계 맺기.

_____

집요한 느낌을 주지 않으면서 자신의 의도를 전달하는 방법을 알고 싶어하는 사람이 많습니다. 아키타 씨의 방법을 알려주세요.

'말을 70센티 높이에 놓는다'라고 상상해보세요.
던지는 게 아니라 슬쩍 두는 겁니다.
상대방이 가져가고 싶을 때 가져가기 편하도록.
저는 그런 상상을 하면서 말을 하려고 합니다.

70센티는 어떤 의미가 있나요?

70센티는 성인의 허리 높이예요.
손을 뻗으면 딱 닿을 정도의,
너무 낮지도 않고 너무 높지도 않은 높이입니다.
가구나 인테리어를 설계할 때
기준이 되는 수치이기도 합니다.
쓸데없는 부담을 주지 않는다는 뜻이에요.
상대방에게도, 그리고 나에게도.

그렇군요. 70센티는 제품 디자이너라서 할 수 있는 표현이네요.
서로에게 부담이 되지 않는다는 점이 중요하군요.

그렇죠. 저는 언제나 사람들에게
호감을 얻고 싶다고 생각하면서 행동해요.
하지만 무리하지는 않아요. 그러면 지치지 않죠.
호감을 얻고 싶지만 지치지 않을 정도로만.
이 마음이 중요해요.

사랑받기 위해서 지나치게 노력하다 가끔은 지칠 때가 있는데 그
럴 일이 없다는 거군요.

네, 온천에 가지 않아도 돼요.
따로 힐링을 해야 할 필요가 없으니까요.
타인과의 소통을 생각할 땐 스스로가 지치지 않도록
나 자신을 다시 돌아보는 게 좋습니다.

꼭 모든 사람을 좋아할 필요는 없습니다.
맞지 않는 사람도 있는 법이에요.
마음이 맞는 사람과
소중한 시간을 즐겁게 보내세요.

11

사랑받기 위해서
비굴해지지 않는다.
나를 바꾸지 않고
타인과 소통한다.

———————————————

저는 소설가 나쓰메 소세키를 좋아합니다.

소설가로 좋아하기보다는 인간적인 면을 좋아해요.

소세키는 어린 시절부터 월등하게 우수했는데도

그가 남긴 글에는 본인의 우수함을 느끼게 할 만한

문장이 전혀 없습니다.

겸손이라는 차원을 훌쩍 뛰어넘은 것 같은 분위기죠.

소세키의 이런 인품을 존경하는 제자와 후배가

많이 있는 것은 아는데, 신기하게도 그의 글에는

본인이 존경하는 선배나 윗사람 이야기는 별로

나오지 않습니다.

이야기는 거의 후배와의 에피소드로 채워져 있어요.

소세키는 윗사람과 관계 맺는 것을 어려워했을지도

모르겠습니다.

저도 선배를 따르기보다 후배들과 친하게 지내는

편이라 이렇게 말하는 건 송구하지만, 소세키에게

동질감을 느낍니다.

그러고 보니 트위터를 봐도 아키타 씨는 젊은 사람들을 정중하게
대한다는 인상이 있어요.

저는 존경심이나 경외심을 지나치게 갖다 보니
선배들을 지나치게 배려하고 신경 씁니다.
아마 서로 피곤할 거예요.
그것보다는 후배나 어린 사람들을 격의 없이
친근하게 대하는 것이 상대방에게 도움이
되는 것 같더군요.

자신이 도움을 줄 수 있는 사람과 친해지고 싶다는 거군요.

맞습니다. 그러면서 상대방에게 절대적인 존재가
되지 않으려 노력하고 있어요.
무리하지 않는 선에서 부족한 부분이나 아쉬운 점도
숨기지 않고 보여주고 있죠.
가끔은 '에이, 뭐야'라고 실망하게 만들기도 하는,
딱 그 정도가 좋은 관계 같습니다.
일부러 웃기려고 농담할 필요도 없고요.

사랑받기 위해서 자신을 꾸미지 않는다는 의미로 이해되네요.

네, 사랑받고 싶다는 이유만으로
저 자신을 바꿀 생각은 없어요.
굳이 사랑받고 싶은 대상을 한정해서 생각하지 않고
대단한 사람에게 사랑받고 싶은 마음도 없습니다.
애초에 대단한 사람이라는 정의도 모호하죠.
하지만 누구를 만나든 방심은 하지 않아요.
이게 제 기본 자세입니다.

12

대단한 사람이
어디 숨어 있을지 모른다.
누구를 대하든
예의를 갖춰서 대한다.

———————————————

누구를 만나든 방심하지 않는다는 게 무슨 뜻인가요?

만나는 모든 사람의 배경을 알 수 없다는 뜻입니다.
직함이나 소속이라는 알기 쉬운 라벨만으로
대단한 사람인지 아닌지를 판단하는 건
굉장히 위험합니다.
저는 예전부터 누구나 동경하는 직업을 가진 사람보다
남들이 하기 싫어하는 일을 하는 사람 중에
대단한 사람이 숨어 있다고 생각하고 있어요.
어디에 대단한 사람이 있는지는 알 수 없습니다.
그러니까 방심은 금물이죠.

구체적으로는 어떤 행동을 하시나요?

가령 저는 누구를 만나든 이름 뒤에 반드시 '씨'를
붙여서 부릅니다.
윗사람이든 아랫사람이든, 저와 친밀하든 아니든,

모두 동등하게 '씨'를 붙여 부르는 거죠.

누군가를 만나면 무심결에 '누가 더 윗사람이지?'라는 생각을 하게 되긴 합니다.

위아래로 나누고 가능하면 본인이 우위에 서려고 하죠.
하지면 결국 내 뜻이 통하지 않는 사람이
나를 평가하게 되니까 다 소용없는 일이에요.
디자인도 마찬가지예요.
아무리 설명문을 첨부해도 만든이의 의도가
어디까지 전달될지 보장할 수 없거든요.
말로 전달하는 건 한계가 있습니다.
그러니까 '말하지 않는 것이 말하는 힘'을 가져야 해요.
디자인은 결국 그런 힘이죠.
제품을 말하는 것으로 바꾸는 힘.
인격을 갖게 하는 힘입니다.

또 한 가지, 제가 늘 명심하는 말이 있습니다.
"말로 이기지 않는다. 눈으로 지지 않는다."

무슨 뜻인가요?

디자이너는 이론으로 상대방을 꺾으려 하면 안 돼요.
그래봤자 상대방에게 앙심만 살 뿐입니다.
길게 봤을 때 좋은 방법이라고 할 수 없어요.
그렇게 우위에 서도 허무함만 남습니다.
지면 안 되는 것은 바로 '눈', 즉 지식과 혜안입니다.
지혜는 말다툼을 이기는 법입니다.

13

뒤에서 수군대는 험담은
곧 칭찬이다.
신경 쓰이는 존재가
되었다는 증거.

_____

기분 좋은 일상을 방해하는 것 중에는 남의 시샘이나 질투도 있습니다. 젊어서 좋은 평가를 받은 사람일수록 더 겪을지도 모르고요. 아키타 씨도 그런 시선을 느낀 시기가 있지 않나요?

그건 어쩔 수 없는 일이에요. 다른 사람의 감정까지
제 마음대로 조정할 수는 없으니까요.
저 역시 젊은 사람이 등장하면 그와 비슷한 감정을
느끼기도 합니다.
그래서 저는 다른 식으로 생각하기로 했어요.
'뒤에서 수군거리는 험담은 칭찬'이라고요.
관심 없는 사람이라면 화제로 삼지도 않을 테니
신경 쓰이는 존재가 되었다는 증거 아니겠어요?
여럿이 있을 때 하는 말이 반드시 본심은 아니에요.
웃기려고 일부러 나쁘게 말해서 분위기를 띄우려는
경우도 많이 있으니까요.

그렇네요. 그렇게 생각하니 좋게 생각할 수 있을 것 같습니다.

비판이나 비평을 들을 때가 전성기예요.
화제에 오르지 않는 건 쓸쓸한 일입니다.

사람이 많이 모이는 자리는 즐기는 편인가요?

저는 서비스 정신이 강해서인지 그런 자리에서는
의욕적으로 웃기는 이야기를 하는 편입니다.
그래서 다들 즐거워하는 것 같아요.
하지만 중요한 이야기는 그런 곳에서 하기 어렵고
한다고 해도 분위기를 망칠 수 있으니,
근래에는 사람을 만날 때 가급적 둘이 보려고 해요.
진지한 이야기를 하고 싶으니까요.
마음을 털어놓을 수 있는 사람과 함께 하는 식사는
몹시 즐겁고 일상의 활력소가 되기도 합니다.
하지만 친한 사람과 만나도 오래 있지는 않아요.
6시에 만나서 8시에는 헤어지니까 정말 짧게 만나죠.
시계를 보고 의외로 시간이 일러서 깜짝 놀란 적도
많습니다.
시간은 짧아도 심도 있는 대화를 충분히 나누었다고
생각합니다.

둘 다 '아, 조금 더 이야기하고 싶은데 아쉽다'라고
생각해야 관계가 더욱 오래갑니다.

부족하다고 느끼는 마음이
다음 만남을 이어줍니다.

14

정직한 것과
솔직한 것은 다릅니다.
생각한 것을 다 말해도
되는 것은 아닙니다.

———————————————————

최근에 자주 생각합니다.

저는 여러분에게 '어긋난 상담자' 정도의 역할이

적당한 것 같다고요.

'어긋난 상담자'가 뭐죠?

예전의 저는 누군가의 상담을 들어주기에 적절한

사람이 아니었을 겁니다.

저에게 상담을 요청해온 사람은 아마 저를

'결론만 거침없이 말하는 사람'이라고

생각했을 거예요.

하지만 오랫동안 계속해온 블로그와 트위터를 보면

이제는 대화가 통하는 사람이라고 생각을 바꿀지도

모르겠네요.

다른 표현을 빌려 말하자면 어긋났다는 건

의도적으로 벗어나 있다는 것이고,

문제의 관점을 다양하게 바꿀 수 있는

가변성을 뜻합니다.

사람들의 고민은 개인적인 것처럼 보이지만

사실은 일반적이고 흔한 것들인 경우가 많아요.

하지만 다들 자신의 고민이 특수하기를 바랍니다.

그게 굉장히 잘 느껴져요. 그러니 그런 사람에게

'다들 비슷한 고민을 한다'라고 말하면

받아들이기 힘들 겁니다.

그 사람의 특수성을 존중하면서 일반적인 해결법을

제시하는 것이 중요합니다.

정말로 섬세한 작업이죠.

털어놓기 편한 성격인 것과 위트를 넣어 대답하는 센스도 크게 상

관이 있을 것 같습니다. 대화할 때 유의하는 점이 있을까요?

저는 방법론을 말하는 것을 좋아하지 않기도 하지만

어떻게 하면 좋을지를 이야기하는 건 더 어려운

일이라고 생각해요.

그저 저는 새로운 시점을 하나 선물한다는

마음가짐으로 있으려고 합니다.

지금은 좋고 나쁘고를 떠나 누구든 어떤 대상이든

쉽고 빠르게 글을 올릴 수 있는 시대잖아요.

그러니까 오히려 더 신중해져야 하는 게 당연하죠.

다른 사람의 트윗을 인용할 때는 좋은 말만 쓰려고 해요.

하고 싶은 말이 있다면 인용이라는 형태로

상대방의 정원에서 뛰어놀 것이 아니라,

자신의 정원에서 구르거나 달려야 합니다.

말은 한 번 생각한 다음에 내뱉는 센스가 필요해요.

한 번 생각한 다음에 말을 내뱉는 센스에 대해 조금 더 자세히 들려

주세요. 아키타 씨는 어떤 점을 유의하고 있나요?

일단 막말은 하지 않기.

그 사람과 다시는 안 볼 각오로 하는 말은

안 하려고 합니다.

약간 냉소적인 표현을 쓰면서 장난치듯

농담을 섞어 제 생각을 말하는 것을 좋아합니다.

최근 상대방을 말로 꺾는 '논파'라는 방식이 떠오르는데 어떻게 생

각하나요?

말로 꺾어버리면 그 사람과 나중에 좋은 관계를
맺을 수 없을 것 같아 씁쓸하죠.
그렇지만 다양한 타인과 대화하기 위한 접근법으로
이 방식을 고안한 사람을 비판하는 건 아닙니다.
오히려 지금은 '예정 조화'라고 해야 할까요,
결론을 미리 정해두고 그 결론에 이르기 위해
양보하는 대화 방식이 주류잖아요.
그에 대한 반동으로 세상이 균형을 추구한 결과
생겨난 게 논파라는 방식이지 않을까 싶어요.
그 방식을 발견하고 발명한 용기는 대단한 일이에요.
그야말로 미움받을 용기를 실현한 사람이죠.
아마 문제는 처음 그 방식을 만든 사람을 방패 삼아
그 뒤에 숨어 악용하는 사람들 아닐까요?
디자인도 마찬가지예요.
원조를 만든 사람은 잘못이 없습니다.
처음 그것을 세상에 내놓은 사람은 발표하기까지
상당히 오래 생각하고 고민했을 테니까 존경심을
가져야 합니다.

원조를 존중한다는 건 디자이너라서 가질 수 있는 자세네요.

크리스마스트리로 자주 사용하는 호랑가시나무의
뾰족한 잎사귀는 잘못이 없다는 뜻입니다.
그곳에 장식을 달기 위해서는 센스가 필요할 뿐이에요.
호랑가시나무는 자연의 섭리에 따라 그런 형태일 뿐,
잎사귀가 뾰족한 게 그 나무 탓은 아니죠.
잎에 그 어떤 장식이 달려도 호랑가시나무는
아무 상관이 없을 거예요.
하지만 그 장식이 멋지다면 호랑가시나무도
크리스마스를 좋아하지 않을까요?

15

말을 선택할 때는
배려가 필요하다.
말을 선택할 때도
여유를 가지세요.

_____

상대방의 언행이 신경 쓰일 때는 어떻게 말하나요? 막말을 하지
않는 것 외에 조심하는 게 있다면 알려주세요.

먼저 상대가 오래도록 아파하지 않을 말을
선택할 필요가 있어요.
안 좋은 점을 스스로 깨닫길 바라지만
그보다 더한 아픔은 주지 않아야 합니다.
뭐랄까, 연좌 수행할 때 자세가 흐트러지면
스님이 어깨를 치는 정도랄까요?

스스로 깨닫게 하고 자세를 고쳐 앉게 하는 정도의 자극이라는 뜻
이군요.

그렇습니다. 정말로 다치게 하면 절대로 안 돼요.
진심으로 상처를 주려는 사람이 의외로
많을지도 모르겠어요.
급소를 피해서 깊은 상처를 주는 게 가장 잔혹합니다.

인연도 끊어지겠지만 무엇보다 상대방은
다시 일어나지 못할지도 모릅니다.
자신의 살상 능력을 시험해서 어쩔 건가요.
상대방을 자신의 존재를 과시하는 대상으로
삼아선 안 됩니다.
과거 제 블로그를 읽은 분께서 "아키타 씨의
글은 직설적이지만 애정이 느껴집니다"라고
메시지를 보내준 적이 있어요.
사실은 그냥 직설적으로 썼을지도 모르는 글인데
칭찬해줘서 오히려 반성의 기회를 가지게 됐죠.
좋고 나쁘고를 떠나 제 글은 기억하기 쉬운 편이라
신중해져야겠더라고요.

알 것 같습니다. 칭찬이 혼나는 것보다 오히려 효과적일 때가 있지요.

배려를 잊지 않는 건 쉬운 일이 아니에요.
쉽게 잊어버리거든요.
자기 자신에게 여유가 없다면
타인에게도 친절해질 수 없어요.

무슨 일이든 내가 어떤 사람이어야 하는지
생각하는 것부터 시작하는 겁니다.
아이를 키울 때도 마찬가지예요.
훈육하거나 말을 듣게 하려고 하지 않습니다.
훈육이 필요하다면 나 자신부터겠죠.

- 결론부터 말한다.
- 쉬운 단어로 말하고 쓴다.
- 최대한 외래어는 쓰지 않는다.
- 적절한 음량으로 말한다.
- 적절한 거리감을 유지한다.
- 큰소리를 내지 않는다.
- 웃는 얼굴을 한다.
- 도와준다.
- 용건이 끝나면 신속하게 자리를 뜬다.
- 쓸데없이 캐묻지 않는다.
- 상대방의 입장을 헤아린다.

16

옷차림은 상대방을
위한 선물이다.
마음에 드는 것을 살 때는
수고를 아끼지 않는다.

————————————————

나이가 들어도 패션에 신경 쓰는 어른은 멋진 것 같습니다. 아키타 씨도 패션을 즐기는 어른이죠.

세련되게 입으려고 노력하는 편이에요.
젊었을 때부터 패션에 관심이 많았거든요.
고등학생 때부터는 대체로 아메리칸 캐주얼 스타일을
선호했습니다.
그러고 보니 대학을 졸업할 때쯤 동기 녀석 중
하나가 그러더군요. 사회인이 되면 그렇게
입고 다니지 못할 거라고요. 평소 같으면 그냥
흘려들었을 텐데 묘하게 그 말이 기억에 남더군요.
마음속으로 변할지 안 변할지 내가 한번
시험해봐야겠다고 생각했죠. 입사 후 1년 정도는
면접용으로 샀던 정장을 입고 다녔어요.
사실 디자인실은 캐주얼한 복장으로 출퇴근해도
되는 부서긴 해요.
곧 학생 때와 다를 바 없는 옷을 입게 됐고

지금까지도 그 옷차림을 유지하고 있습니다.
결론을 이야기하자면 '체형이 변하지 않으면
비슷하게 입고 다닐 수 있다'라고 해야겠네요.
아무리 그래도 70세가 될 때까지 이렇게 입고
다니게 될 줄은 몰랐어요.

젊은 시절에도 지금과 비슷한 복장이었군요.

사실 흔한 옷처럼 보여도 저만의 철칙이 있습니다.
트레이닝복은 챔피온사의 초기 모델 복각 라인,
색도 그냥 회색이 아니라 오트밀색이에요.
청바지는 리바이스 501라인의 1966년 모델,
스니커즈는 뉴발란스 993 모델이고요.
모르는 사람에겐 흔한 아메리칸 캐주얼로 보이면 되죠.
그리고 저는 옷을 살 때 일부러 하라주쿠에 있는
본점에서 구매합니다.
본점에 없으면 다른 곳에도 없다는 뜻이니 바로
포기할 수 있거든요.
그것이 도쿄에 사는 묘미일지도 모르겠네요.
패션에 관해서는 늘 탐구심이 작용합니다.

너무 과해서 개구쟁이 같은 느낌이 나오면 보기
안 좋잖아요.
중요한 것은 자연스러움이에요.

패션에 자신만의 철칙이 있는 이유는 무엇인가요?

우리는 자기 모습을 확인할 수 없잖아요.
거울을 봐도 그것이 정말로 내 모습인지 모르고요.
그럼 어떻게 자신을 확인할 수 있을까요?
다른 사람과 만났을 때, 그때 비로소 자신이
어떤 사람인지 알게 되는 것 같아요.
옷차림은 만나는 사람을 위한 선물이라고도 하는데요,
멋있는 사람을 만나면 나도 덩달아 멋있는 사람이
된 것 같아져요.
이렇게 멋있는 사람과 대화하는 자신이 자랑스럽게
느껴지는 효과가 있기 때문입니다.

옷이라는 것은 내가 어떤 사람인지를 보여주는
시각적 메시지가 있습니다.
화려하지 않아도 괜찮아요.

깔끔한 옷을 입고 있어도 메시지가 전달되니까요.

옷차림은 공공 커뮤니케이션이 될 수 있어요.

내가 입는 옷이 대중을 향한 것이라는 뜻인가요?

그렇습니다. 옷은 입고 있는 자기에게는 보이지 않고

주변 사람에게는 보이죠.

경치인 셈이에요. 나 자신이 경치가 되는 거죠.

친구가 재미있는 표현을 한 적이 있습니다.

사람들은 옷이나 차에는 돈을 쓰지만,

생활 가전이나 잡화에는 돈을 들이지 않는다나요.

집 안에 있는 건 남에게 자랑을 못 하니까 그렇다네요.

아무리 좋은 냉장고나 고성능 세탁기를 사도 바깥에

내놓고 자랑하기는 어렵잖아요.

하지만 이제 세상이 변해서 SNS, 특히 인스타그램을

통해서 집에 있는 냉장고나 세탁기도 '남에게 자랑할

수 있는' 시대가 되었죠.

돈을 들이는 곳이 분산됐을지도 모르겠습니다.

그러니까 남에게 보이는 물건에 돈을 쓴다는 뜻이군요.

패션에 신경을 쓰는 것도 일상적이어야 합니다.
즉, 외출할 때 입는 곳과 집에서 입는 옷의
차이를 줄이는 거죠.
최근 저는 외출할 때보다 집이나 사무실에서의
옷차림이 더 괜찮을 정도예요.

17

원했던 일에서 실패하면
많은 것을 배울 수
있습니다.

───────────────────────

아키타 씨가 쇼핑하는 방식을 조금 더 상세히 말해줄 수 있을까요?

같이 간 사람이 놀랄 정도로 결단력이 빠릅니다.

가게에 들어간 지 5분도 채 지나지 않아

보이는 걸 바로 구매하거든요.

그 순간만 떼어서 보면 속전속결인 것 같지만,

사실 사전에 여러 정보를 보고 후보를 골라둔 덕이죠.

그리고 때가 오기를 호시탐탐 기다렸던 거예요.

그래서 우연히 원하던 것을 발견하면 '5분 만에 꽤

가격이 나가는 물건을 사는 사람'으로 보이는 거죠.

한마디 더 보태자면 저는 매장 직원과 친해지기 위해

물건을 사기도 합니다.

물건을 사는 목적이 점원과 친해지기 위해서라고요?

극단적으로 말하면 그래요.

가게는 사람의 공통 심리를 알고 있는 곳이면서

서비스란 무엇인가를 배우는 곳입니다.
공짜로 배울 수는 없으니까 물건을 사면서
'손님이 될 수도 있는 사람'이라는 신호를 보내는 거죠.
신뢰를 쌓기 위해서는 상당한 금액을 내야 할 수도
있다고 생각하고 있어요.

흥미롭네요. 보통은 직원이 손님에게 잘 보이려고 하는 관계일 텐데 아키타 씨의 경우는 반대로 생각한다는 거군요.

네, 오히려 제가 서비스한다고 생각해요.
일방적으로 받기보다 내가 무언가 한다고 생각하면
뭐든 재미있어요.

아키타 씨가 최근에 사셨다는 키홀더는 메루카리(일본의 중고 거래 사이트—역주)에서 산 걸로 알고 있는데요. 아키타 씨 세대는 메루카리를 써본 적이 없는 분이 더 많을 텐데요. 기분이나 행동이 젊어 보여요.

아마 저는 실패하고 싶은 것 같아요.

실패하고 싶다고요?

말로 하니 멋지게 들리지만 사실입니다.

저는 굳이 실패를 경험하고 싶어요.

실패하면 재미있는 이야깃거리가 생기거든요.

친구랑 대화할 때나 강연회에서 분위기를 부드럽게

만드는 화젯거리를 하나 얻는 셈이에요.

싼 것을 고르고 적극적으로 실패 경험을 사러 가는

셈입니다.

뭐든 손해를 보지 않으면 얻을 수 없어요.

아아, 순서가 중요한데요.

이익을 얻으려다가 실패하는 건 당연합니다.

하지만 먼저 손해를 받아들이고 새로운 일에 도전하면

생각지도 못한 길이 보이기도 해요.

잘되지 않는 것이 당연해요.

배려에 대하여

○

저는 다른 사람의 말을 잘 듣지 않는 것처럼 보인다고 합니다. 사실 여기에는 이유가 있습니다. 저는 이야기가 어디로 흘러갈지 예측하면서 듣고 있고, 이야기가 끝나면 다음 방향을 어떻게 알려줄지 가늠하고 있거든요. 그 모습이 아마 상대방의 말을 듣지 않는 것처럼 보이나 봅니다.

저는 회의 상황을 요약해서 전달하는 일을 잘합니다. 말이 요약이지 이야기 대부분을 거의 다 쳐내는 거예요. 이와 비슷한 얘기로, 다른 사람의 말을 안 들으면서 듣고 있는 척하는 것은 정말 힘듭니다. 버틸 수가 없어요.

어느 날 강연회에서 지루한 강의를 듣다가 못 참고 대담하게 그 자리를 빠져나온 적이 있습니다. 그런데 같이 갔던 후배는 그 지루한 강의를 고개까지 끄덕이면서 듣길래 제가 한마디 했습니다. 그렇게 중요한 얘기처럼 들으면 저 강사는 자기 강연이 좋다고 착각할 것이다, 그러면 결과적으로 저 사람의 성장을 방해하는 셈이다, 재미없을 때는 재미없다는 의사 표명을 (자리를 뜬다거나) 하는 것이 저 강사의 성장에 도움이 될 거라고 말이죠.

물론 이 일에는 얽힌 이야기가 있습니다. 모든 사람에게 좋은 얼굴을 보이며 싹싹하게 구는 그 후배는 말이라도 잘 들으면 모를까 은근히 고집이 있어서 앞에서는 "네"라고 대답해놓고 업무에 반영을 안 해서 골치가 아팠거든요. 그 실상을 잘 모르는 사람들 사이에선 꽤 인기가 있어서 결과적으로는 제가 나쁜 사람이 되어버리더라고요.

몇 년 후에 그 후배가 이직했는데 아마도 같은 일을 반복하고 있을 겁니다.

남의 이야기를 안 듣고 있는 것처럼 보이거나 재미가 없으면 강의 도중에 나오는 저와, 이야기를 경청하는 것처럼 보이지만 사실은 흘려듣고 있는 후배. 우리 둘 중에 누가 더 상대방을 배려하는 걸까요?

결론적으로 두 사람 모두 사회성이 조금 떨어지는 존재이긴 합니다.

3장

일의 디자인

**" 지식보다
사람을 아는 것이 중요합니다 "**

입사하며 정년퇴직을
상상하다.
여유를 끄집어내는 건
성질 급한 마음가짐이다.

_____

요즘은 장수 시대죠. 인생 후반에 일하는 방식을 두고 고민하는 사람도 적지 않습니다. 아키타 씨는 프리랜서로 오래 활약하고 있는데 정년을 생각한 적 있나요?

처음 정년을 생각한 건 스물셋 입사하던 날이었습니다.
입사식에서 40년 뒤의 정년퇴직을 상상했어요.
아, 정년과는 상관이 없는 얘기지만 저는 조금 특이한
형태로 취업했습니다.
회사에서는 경력직 디자이너를 모집하고 있었어요.
지인에게 그 소식을 들은 교수님이 저를 추천해주셨고
당시 아오바다이에 있던 회사에 면접을 본 뒤
그 자리에서 바로 합격했습니다.
저는 경력 채용인지 몰랐지만, 회사에서는 어찌 됐건
경력직 채용으로 절 고용한 거니 3월부터 출근해서
일해달라고 하더군요.
그래서 3월에 회사 기숙사에 들어갔고 졸업식 때만
나고야로 잠깐 돌아갔던 기구한 사연이 있습니다.

한 달쯤 일해보니 대략 회사 분위기와 일의 흐름을
알겠더군요.
동기가 될 사람들과 함께 입사식에 참석할 때쯤에는
1년은 (실제로는 한 달이지만) 그곳에 다녔다는 느낌이
들 정도였습니다.
실제로 업무를 이해했는지와는 상관없이 말이죠.
고작 한 달 만에 회사원으로 살아갈 앞으로의
40년을 상상해버렸던 것입니다.

종신고용 근무 방식이 당연하던 시대였으니까요.

그렇죠. 결과적으로 그 회사는 지금도 건재하니
계속 다녔더라면 저도 아직 그곳에 있었겠죠.
아마 프리랜서 같은 형태였겠지만요.

과거에 알게 된 말.
'고민은 일을 복잡하게 만든다.
생각은 일을 단순하게 만든다.'

19

열등감은 우월감의 반증.
나 자신과는
겸허하게 지내기.

———————————————

아키타 씨는 대학 졸업 후에 디자이너로 11년 정도 회사에서 근무한 후 독립했죠. 회사원 시절과 현재를 비교했을 때 업무에 관한 사고방식은 좀 변했나요?

솔직히 대답하면 조금도 변하지 않았습니다.
회사원 시절에는 몸은 회사에 소속되어 있어도
마음만큼은 '사내 개인사무실'이라는 간판을
걸고 있다고 생각했었거든요.
내가 할 수 있는 일, 공헌할 수 있는 일을
회사의 필요한 곳에 쓰고 월급을 받는지,
나의 생산 가치가 과연 제 기능을 발휘하고 있는지,
월급에 걸맞은 일을 하고 있는지,
늘 신경 썼습니다.
반대로 말하면 '만약 내가 실패하더라도 나를 고용한
회사의 잘못'이라고 생각하려고 했습니다.
겁쟁이면서 그 무렵은 대담했던 것 같아요.
내가 하고 싶은 일이나 할 수 있는 일이

회사의 기준으로 어떻게 평가되는지,

주위 사람과 비교했을 때 나는 어느 정도인지,

그런 건 깊게 생각하거나 고민한 적이 없었습니다.

자기도 모르게 주위 사람과 비교하고 우울해지는 사람도 많을 텐

데 아키타 씨는 그렇지 않았군요.

학생 때부터 누군가를 본받아서 성공하겠다고

생각해본 적이 없어요.

열심히 공부해서 대학에 들어왔더니 주변 사람들이

전부 우수해서 열등감이 생겼다는 이야기를 종종

들었습니다.

저는 그런 열등감을 가진 적이 한 번도 없습니다.

주변을 신경 안 쓸 만큼 우수했다는 뜻인가요?

아뇨, 그렇지 않아요.

처음부터 주위 사람들이 저보다 우수한 게

당연하다고 생각했기 때문이에요.

스스로가 대단한 사람이라는 기대를 내려놓은 거죠.

114

나 자신에게 과도한 기대를 걸지 않는 것.
기대하지 않으면 실망하거나 쓸데없이 상처 입을
일도 없어요.
열등감이 생기는 건 우수하다고 여겼다는 증거예요.
열등감은 우월감의 반증과도 같거든요.
우월감이 없으니까 열등감도 생기지 않아요.
그저 평평한 눈높이에서 회사라는 사회에 서 있었어요.

회사를 그만두고 독립한 이후에는 그 생각에 변화가 있었나요?

독립하면 아무리 규모가 작아도 대표,
이른바 사장이 되었다고 생각하는 사람도 있지만
제 나름대로 독립을 표현하자면
'동시에 여러 회사의 사원이 되는 근무 방식'이에요.
한 회사의 대표가 아니라 여러 회사의 회사원이죠.
회사의 규모와 상관없이 내가 관여하는 회사 모두
중요하니까 특별 취급하는 곳은 없었어요.

20

순수한 마음으로
다양한 것을 접하기.
사물을 보는 눈을 키우면
일에서도 드러난다.

_____

신입사원 입장으로 경력사원으로 채용됐다는 이야기가 흥미로웠어요. 입사 후에는 어떤 일을 시작했나요?

디자인실에서는 4월부터 실무를 해도 괜찮았을 거예요. 그렇지만 형식상 한 달을 손이 비게 둘 수는 없었던 모양이에요. 그래서 만들어낸 일이 디자인실 공간의 자리 배치 설계였습니다.
하나의 공간을 일하는 곳과 회의실, 작업 공간으로 나누기 위해서 전시도 하고 자료도 넣을 수 있는 수납 겸용 파티션을 만들기로 했는데 그 도면을 그렸습니다.

처음부터 틀에 박히지 않은 근무 방식이었네요.

네, 그랬죠. 제가 입사한 지 6개월 만에 공모전에 낸 디자인으로 규모가 크고 권위 있는 상을 받았으니 (제26회 마이니치 ID상 일반 부분 특선) 회사에서도 충격이었을 거예요. 넝쿨째 굴러온 호박이었던 거죠.

그때의 자신을 객관적으로 돌아봤을 때 어떤 점이 뛰어나서 상을
받았다고 생각하나요?

어떤 점이 높은 평가를 받았는지는 모르겠지만,
저는 원래 건축을 좋아해서 대학생 때 했던 디자인도
구조적이고 건축적이라는 평을 많이 들었어요.
60~70년대 당시에는 이탈리아 디자인의 번성기였고
제품 디자이너 대부분이 건축과 출신이었죠.
건축을 좋아했던 저도 그 영향을 많이 받았습니다.
장래에는 이탈리아 디자인 사무실에 취직하고 싶다고
생각했을 정도였어요. 하지만 그런 용기는 없었죠.

건축 이외에도 영향을 받은 것이 있을까요?

미술과 문학, 음악도 좋아해 여러 가지를 접했어요.
음악은 클래식과 재즈까지 폭넓게 들었고요.
이른바 기초 교양, 최근 주목받고 있는 리버럴
아츠Liberal Arts라고 해야 할까요.

순수한 흥미를 통해 스며든 심미안은

일에서도 반드시 드러나게 되어 있습니다.

21

평가가 가져오는 것을
기대하지 않는다.
하지만 정상에 서지 않으면
볼 수 없는 세계도 있다.

———————————————————

아키타 씨는 사회에 나온 지 6개월 만에 공모전에서 1위를 했는데요, 그 전후로 업무에 대한 사고방식에 변화가 있었나요?

과한 꿈을 꾸지 않게 되었다는 변화가 생겼습니다.
1위를 한다는 건 1위를 한 후의 세계를 알게 된다는
뜻이죠. 그런데 딱히 큰 변화는 일어나지 않았어요.
잡지 몇 군데에 제 이름이 실렸을 뿐이거든요.
아마 지금이라면 조금 달랐을지도 모르겠지만, 오히려
분산되어서 대단한 변화는 일어나지 않았을 거예요.
하지만 그게 바로 1위를 한 사람이어서 할 수 있는
귀중한 경험이죠. 2위는 말할 수 없는.
1위의 세계를 경험했기 때문에 회사에 있는 동안은
공모전에 응모하지 않았어요.
굳이 이유를 말하자면 의욕적이고 참신한 제품이 계속
나오던 시대였기 때문에 '현실적으로 제품이 되지
않는 디자인'을 만드는 공모전보다 실제 업무가 더
재미있었어요. 그걸로 충분했습니다.

1위와 2위는 보이는 세계가 다르군요. 어떻게 다른지 구체적으로
알려주세요.

1위는 시장의 전체 규모를 알게 되지만
2위에게는 그 세계가 보이지 않습니다.
제가 디자인했던 제품으로 예를 들어볼게요.
4년 전쯤 머들러를 디자인한 적이 있어요.
칵테일 같은 걸 저을 때 쓰는 그 머들러 말이죠.
제가 디자인한 머들러는 일반적인 것과는 달랐어요.
젓는 부분에 촉매 가공이 되어 있어서 음료를 저을 때
그 촉매의 작용으로 맛이 부드러워지는 특징이
있었어요.
와인에 사용하면 숙성된 맛이 나고 커피에 사용하면
맛이 부드러워지는 거죠.
그 촉매 가공이 꽤 고가여서 머들러의 정가는 세금을
제외하고 7500엔이었어요.
일반 머들러는 비싸도 1000엔 정도였는데 그것과
비교하면 상당히 비싼 편이었죠.
하지만 '실제로 부드러워지는 효과가 있다'라고 TV
프로그램에서 소개하자 그 비싼 머들러가 품절되고

말았어요.

그 매출액이 반영되어 라쿠텐(일본의 온라인 쇼핑몰―역주)

에서 머들러 부문 매출 1위를 찍었고요.

머들러라는 상품에 순위가 있다는 것도 놀랐지만,

한때는 머들러의 상위 카테고리인 주방 식기 부문에도

등장했을 정도였어요.

그걸 통해 머들러 시장 규모를 이해할 수 있었습니다.

어떤 식으로 이해한 건가요?

머들러의 판매 흐름이에요.

제조업체는 알고 있었겠지만요.

어느 업체의 매출 총액이 분야 1위라면

2위는 그 이하입니다. 그것뿐이에요.

1위 매출이 시장 규모의 최대치라는 것을 알 수 있어요.

하지만 그건 1위를 해서 알게 된 것이에요.

2위였다면 몰랐겠죠.

2위는 1위와의 차가 얼마인지 모릅니다.

물론 요즘 세상에는 자세히 조사하면 2위라 해도

알 수 있겠지만요.

예전에 "2위면 안 됩니까?"라고 말한 정치가도
있었잖아요.
역시 한 번쯤은 1위를 경험해봐야
보이는 세계가 있다는 것은 확실해요.

자신감은 뜨기 위한 것이 아니라
휩쓸리지 않기 위한 추입니다.

22

반드시 지켜야 하는
규칙인지 확인하기.
회사에 도움이 되는
방식을 디자인한다.

회사에 다닐 때도 저는 늘 싱글벙글 웃고 다녔어요.
기분이 항상 좋아서였지만 그런 것치곤 회사의
사소한 규칙들은 별로 따르지 않는 편이었어요.

회사의 사소한 규칙들이 뭐죠?

조직을 잘 운영하기 위해서 만들어진 기술과 불문율요.
회사 선배들이 대대로 축적해온 노하우일 수도 있고요.
그러고 보니 저는 회사에서 모자를 쓰고 옅은 색
선글라스를 쓰고 일했어요.
물론 그 시대의 분위기에 편승한 것이기도 했지만,
디자인실에 있는 나 자신도 디자인하고 싶었어요.
무척이나 젊었죠.

**그때부터 유일무이한 분위기를 풍겼군요. 하지만 신입 시절에는
필사적으로 회사의 규칙을 배우려는 사람이 많지 않나요? 아키타
씨는 왜 배우려 하지 않았나요?**

물론 사회인이 갖춰야 하는 기본적인 상식은 제대로
배웠지만, 그것이 이 회사에서만 통용되는 규칙인지
아닌지를 구분해서 생각하려고 했습니다.
디자인에 적용되는 규칙이 그 회사에만 해당하는
것인지 아닌지는 굉장히 중요하거든요.
그런 의미에서는 제가 입사했던 70년대 후반부터
80년대 중반까지는 오디오 디자인이 급격하게
변화하는 시기였고, 거기서 제 역할은 그런 새로운
조형감각을 회사에 도입하는 것이라고 여겼어요.
어쨌든 건방진 신입사원이었던 건 틀림없죠.

**입사 1년 차에 일본 최고의 상을 받았으니 주변에서도 이해해주
지 않았을까요?**

저를 어떻게 생각했는지는 모르겠어요.
그저 제가 느끼기엔, 세상의 평가를 남들보다 빨리
받은 덕분에 제가 떠올린 새로운 디자인을 도입할 때
용기와 자신감을 얻을 수 있었습니다.
실제로 스물여섯 살밖에 안 된 저에게 고급 기종의
디자인을 맡기기도 했으니까요.

그 제품의 디자인 스케치를 설명하던 회의 광경은
지금도 잊을 수가 없어요.
임원과 책임자도 많이 있던 자리였는데 모두가
숨을 죽이고 제 설명에 귀를 기울였거든요.
굉장히 중요한 이야기를 들어주는 듯한 분위기가
회의실에 있었습니다.

23

그만둘 생각을 하고
관리직을 맡는 건 민폐다.
공간을 채우는 회사원으로서
역할을 다한다.

_____

그런 중요한 일도 담당했는데 왜 이직을 택했는지 이유를 물어도
될까요?

입사한 날에 이미 정년퇴직을 생각했다고 말했는데요,
언젠가 그 회사를 떠날 거라는 생각은 늘 하고 있었어요.
왜냐하면 오디오뿐 아니라 더 다양한 장르의 제품을
디자인해보고 싶었거든요. 결국 비슷한 제품을 만드는
회사로 이직하게 된 건 아이러니하지만,
사실 이직할 때는 가구 또는 일상용품을 디자인하는
회사도 염두에 두고 있었어요.
이직하려는 회사에서 전자조리기도 만들고 있다는 걸
알고 그 일을 하고 싶다고 면접관게 말했더니
"아쉽게도 그 제품은 제작이 중단됐습니다"라더군요.
놀라긴 했지만 그래서 또다시 오디오를 맡게 됐습니다.
조금 전에도 말했다시피 처음 취직한 회사에서는
괜찮은 일을 많이 맡을 수 있었어요.
그만두는 이유는 오로지 전망이었습니다.

이직하면서 출세를 생각하는 건 금도끼를 바라는
거나 다름없다고 생각했고, 그건 나답지 않은
일이니까 출세는 생각하지 말자고 다짐했습니다.

실제로 관리직을 맡은 적이 없었던 건가요?

네, 회사에 다닐 때는 계속 평사원이었습니다.
서른다섯에 회사를 그만두었을 때도 직함이 없었죠.
한번은 대학교에 가서 아는 교수님께 명함을 드렸더니
"어? 아키타, 아직도 직함이 없니?"라면서 놀라더군요.
놀라셨다는 건 칭찬이겠죠?

**나중에 독립할 때를 생각해서라도 직함을 원하는 사람도 있을 텐
데요, 그런 생각은 안 했나 보네요.**

프리랜서에게 회사원 시절의 직함은 필요 없다고
생각했어요. 세상 물정을 몰랐던 거죠.

상사나 인사부에서 승진 시험을 보라는 제안을 하진 않던가요?

하죠, 딱히 보지 않아도 될 것 같은 시기에는 안 봤지만.
그래도 계속 시험을 보라고 하니 거절하기도 어려워서
시험은 봤습니다. 하지만 합격하지 않으면 돼요.
그럼 승진하지 않으니까요.

계속 프로의 자세로 있겠다는 결심에서 나온 강인함일까요?

그런 강한 결심은 결코 아니었습니다.
전문가도 아니고 종합직도 아닌,
그 사이 존재하는 이름 없는 무언가로 있고 싶었어요.
공간에 떠돌고, 공간을 채우는 느낌.
회사원의 미묘한 사정이랄까요?
그리고 그 선택이 저에게는 최적이었습니다.
이런 삶도 있다는 것만 알아주시면 됩니다.

24

언제든 누구에게든
웃으며 인사하기.
사람 사귀는 데는
경력도 직함도 상관없다.

———————————————

회사원 시절 중 가장 좋았던 일을 자랑해볼까 해요.
회사에 들어가 반년 정도 지났을 무렵이에요.
사무실을 청소하는 분들께서
"우리가 가을 여행을 가는데 함께 가지 않을래요?"
하고 물어봐준 일이에요.
사실 그 당시에는 별생각이 없었어요.
좀 이상한 이야기이긴 하지만, 세월이 흐를수록
그 일이 특수하고 특별한 일이었구나 싶은 생각이
들더라고요.
누구에게든 "안녕하세요" "실례합니다"라고 살갑게
인사해서 친근하게 느낀 게 아니었을까 싶어요.

친근한 분위기를 풍기고 있다는 걸 자각하고 있었나요?

의식하고 있었던 건 아니지만, 디자이너라는 이유로
스스로를 특별하다고 생각하지 않은 덕분에 모두들
친숙함을 가져준 건지도 모릅니다.

항상 변하지 않는다는 것은 중요한 일이죠.

어느 회사에 들어가, 어떤 위치가 된다 해도

항상 그대로면 좋겠어요.

반대로 말하면 어느 정도의 위치에 오른 자기 모습을

상상해보고, 지금부터 어떤 사람이 되어야 할지를

생각해놓는 게 좋겠다는 말과 같습니다.

그런 미래를 그려보는 것도 즐겁지 않을까요?

'미움받고 싶지 않다' '인정받고 싶다'
'알아줬으면 좋겠다'라는 3대 인정 욕구는
'꽤 사랑받고 있다' '꽤 인정받고 있다'
'꽤 이해받고 있다'라는, 세 가지 '꽤'로
꽤 만족하고 있습니다.

25

재능이 성공으로
이어지지는 않는다.
능력을 키우고
다양한 사람을 만나기.

아키타 씨는 자신의 커리어에 어떤 목표를 갖고 있나요?

저는 예전부터 성공할 수 없는 사람이라고 여겼어요.
회사에서 출세하는 사람은 종합적인 능력치가 뛰어난
사람인데 저는 부족한 부분이 많아서 어려울 것 같았죠.
소용없는 일은 하지 않는다는 주의거든요.
하지만 한편으로는 디자이너로서 유명해지고 싶다는
마음을 줄곧 갖고 있었습니다.

성공하는 것과 유명해지는 것은 비슷한 듯하지만 다른가 보군요.

아마 보통은 같은 뜻일 겁니다.
탁월한 능력을 갈고닦으면 유명해질 수는 있을 거예요.
능력을 살린 일이나 작품이 세상에 알려지니 말이죠.
유명해지면 그 이후에 성공이 따라올 가능성도
있을 테니 그걸 기대하면서 디자인하고 있어요.
하지만 유명해지면 일하기가 어려워지기 마련입니다.

성공한 사람 중에는 의도적으로 세상의 이목을
피하는 사람도 많이 있을 거예요.

왜 성공하는 것보다 유명해지기를 바라나요?

유명해지면 제 말에 귀 기울여주는 사람들이
많아지니까요.
책을 출판하자는 연락을 여러 출판사에서 동시에
받았는데, 몇몇 분들은 저를 직접 만나서 이야기를
나눠보고 싶다고 했어요. 몹시 좋았습니다.
편집자분이 회의 시간에 제 책을 내고 싶다고 제안하니
이미 제 트위터를 팔로우하고 있는 직원 여러 명이
다들 반가워하더란 얘기를 전해주셨습니다.
이 소식 또한 참 기쁘더군요.
지금 간사이 지역 대학과 지방 제조업체 프로젝트를
진행 중인데요, 거기에서도 제 참여 소식을 듣고
관계자분들이 좋아했다는 이야기를 들었을 때도
마찬가지로 기뻤습니다.
저를 만나고 싶다는 분들이 다양하게 많아지는 건
굉장히 기쁜 일입니다.

그나저나 정말이지 트위터의 영향력은 대단하더군요.

다양한 만남을 즐기는 셈이군요. 그것이 아키타 씨가 생각하는 성공인가 봅니다.

그럴지도 모르겠네요.
하지만 저는 성공해서 딱히 뭘 하고 싶은 건 아닙니다.
그저 저를 만나는 분이 기쁜 마음을 갖게 된다면
그것만으로도 아주 행복합니다.

나이가 들어도 일이 끊이지 않고 일선에서 활약할 수 있는 사람이
되려면 뭐가 필요할까요?

우선 정서의 안정이 필요하겠죠.
제 경우 전성기라고 할 수 있는 시기도 없었고
그렇다고 아무 일도 안 하던 시기도 없었거든요.
기복이 적다고 해야 할까요?
언제나 물 위를 걷고 있는 느낌입니다.
덕분에 일을 맡겨주는 회사와 오랫동안 인연이
이어지고 있으니 참 고마운 일이에요.

어쩌면 아키타 씨에게 제품 디자인을 맡기고 싶어도 바쁠까 봐 섣불리 말 못 하는 분들이 많을지도 모르겠어요.

광고는 아니지만 "그럼 빨리 말해주세요"라고
말하고 싶네요.
저는 잘 모르겠는데 저한테는 편하게 일을 맡길 수
있는 분위기가 안 느껴지는 모양이에요.
'일하고 싶다고 말하면 일이 들어오지 않는다.'
반대로 일은 바쁜 사람에게 더 몰리기 마련입니다.
혹시라도 시간이 많아서 지금 당장 일하고 싶어도
"일을 주세요"라고 말하고 다니지 않는 편이 좋습니다.
저도 예전에 새로운 일을 해보고 싶어서 시험 삼아
일하고 싶다는 글을 올린 적이 있어요.
그랬더니 일이 아니라 취재 의뢰만 많이 오더군요.
제 이야기를 듣고 싶어 하는 사람은 늘 있나 봅니다.
일을 부르는 건 일입니다. 제가 했던 작품이 알아서
새로운 인연을 불러온다고 생각해요.

솔직함을 능가할 재능은 없다.

26

납기일에 맞춰
90퍼센트 내는 것보다
의뢰받은 다음 날
50퍼센트를 내는 게 낫다.
상대에게 시간을 선물하고
판단을 맡긴다.

———————————————

모두가 시간이 없고 바쁜 시대에 아키타 씨는 시간에 쫓기고 있다는 느낌이 없습니다. 그 이유가 뭘까요?

저는 시간이 많거든요.

여기저기에서 하는 일을 보자면 시간이 많을 리가 없을 것 같은데요.

제 입으로 말하기 그렇지만, 전 작업 속도가 빠릅니다. 아마 상상도 못 할 만큼요. 많은 시간 안 들이고도 몇 가지 안을 바로 낼 수 있어요. 좀 재수 없나요? 만약 회의를 오늘 한다면 내일이라도 당장 낼 수 있죠. 괜찮다면 회의하는 도중이나 한 시간 뒤에라도 낼 수 있습니다. 다만 그건 100퍼센트 완성된 상태가 아니죠. 50퍼센트면 됩니다.
50퍼센트라도 좋으니까 빨리 내면
상대방의 방향성을 확인할 수 있잖아요?

만약 벗어났다고 해도 수정할 시간이 있으니 안심이죠.

시간을 들여 완벽한 걸 내는 게 아니라 일단 대략적인 것이라도
빨리 내자는 거군요.

빨리 제출하는 건 저 자신을 위해서가 아닙니다.
상대방에게 시간을 선물하는 거죠.
제 원칙은 다른 사람보다 절반의 시간을 들여서
80퍼센트까지 완성하는 거예요.
하지만 비밀이 있습니다. 사실 80퍼센트까지는 의외로
쉽게 할 수 있어요. 80퍼센트 이상이 어렵죠.
80퍼센트에서 90퍼센트를 만드는 10퍼센트의 노력은
0퍼센트에서 80퍼센트를 만든 것과 비슷합니다.
또 90퍼센트에서 99퍼센트로 끌어올릴 때는
그 두 배의 시간이 필요해요.

80퍼센트 단계에서 낼 때 주저하지는 않나요?

전혀요. 80퍼센트라도 아이디어 자체는 충분해요.
아무튼 중요한 건 의견 차이를 없애는 것이니까요.

146

오히려 초안을 너무 정성 들여 그리면 상대방이
곤란해합니다. 그림에 정성을 들이느라 아이디어가
적으면 더 곤란해하고요.
'이 사람은 이걸 그리느라 밤새웠겠구나' 싶은 생각에
마음에 들지 않아도 좋다고 말하게 된다는 사람도
있어요. 물론 얼마나 고생했는지 전혀 신경 안 쓰는
사람도 있지만요.
제가 하고 싶은 말은 이거예요.
아직 결론이 나오지 않은 단계에서
열정을 다 쏟아붓지 말 것.
초기 아이디어에 너무 힘을 쏟지 말고
나중을 위한 에너지를 아껴두는 게 좋아요.
만족의 기준은 사람마다 다르고 결론은
상대에게 달려 있다는 것도 잊지 말아야 합니다.

27

형태가 없는 모호한 것을
쫓지 않는다.
그저 눈앞에 있는 것에
계속 집중한다.

비즈니스의 세계에서는 매일 어떻게 혁신을 일으킬 것인지에 대한 논의가 이루어지고 있습니다. 새로운 개념, 콘셉트는 어떻게 생겨난다고 생각하나요?

원칙적인 이야기입니다만, 저는 눈에 보이지 않는
'콘셉트를 뒤쫓는 방식'을 좋아하지 않습니다.
그건 어디까지나 결과를 모아서 체계화시킨 후에
생기는 것이에요. 처음부터 콘셉트에 집착하면
지금 있는 것을 뛰어넘을 수가 없어요.
내가 설정한 콘셉트에 발목이 잡혀버리는 상황이
생겨버립니다.

가설의 틀을 벗어날 수 없게 된다는 뜻인가요?

그렇죠. 제가 어떤 태도로 디자인하는지 말해볼까요?
저는 그저 그 물건 자체에 집중합니다.
눈앞에 있는 하나의 도구, 하나의 기계를 어떻게

가공해야 기분 좋게 일해줄까?

오로지 그것만 진지하게 생각하고 답을 내립니다.

즉, 제 일은 기계를 기분 좋게 만드는 일이죠.

때로는 참신한 디자인, 혁신적인 조형으로 세간의

주목을 받는 제품이 나오지만, 그것을 만드는 것은

디자이너가 아닙니다.

아이폰이 세상에 나왔을 때 전 세계가 충격에 빠졌죠.

그전까지 휴대전화에 반드시 있던 1부터 9까지의

버튼이 없어졌으니까요. 터치식이라는 새로운 개념이

도입되면서 제품 디자인은 근본부터 바뀌었고,

그 이후로 '버튼 디자인을 어떻게 할 것인가'라는

논의가 필요 없어졌습니다.

이것이 바로 스티브 잡스의 업적이죠.

개념을 바꾼다는 건 바로 이런 겁니다.

하지만 누구나 그 역할을 할 수 있는 건 아니에요.

내 일의 영역을 알면 내가 할 수 있는 역할을 명확하게

알 수 있지 않을까요?

그렇다고 뛰어난 재능을 가진 몇몇 사람을 제외한

대다수가 무력하다는 이야기는 절대로 아닙니다.

저는 그리고 무엇보다 말의 힘을 믿습니다.

형태가 개념보다 먼저 규정될 수는 없지만,

말은 개념에 영향을 줄 수 있어요.

그래서 제가 말을 중요하게 여기는 건지도 모릅니다.

'빛보다 빨리 우주의 행성에 도달하는 것은 무엇인가?'

이런 식의 이야기를 좋아해요.

빛보다 빠른 것이 뭘까요?

바로 인간의 상상력입니다.

우주 어딘가에 이런 행성이 있을 거라는 상상은

빛이 그 행성에 도달하는 것보다 더 빠르게

머릿속에 떠올릴 수 있어요.

말과 상상력은 인간에게 주어진 숭고한 능력입니다.

소중히 여기고 싶어요.

28

나였다면 어떻게 했을지
생각한다.
어느새 누군가에게
도움 되는 일들.

———————————————————

제 작업들을 살펴보면 눈치 빠른 디자인을 목표로
해왔다고 할 수 있어요.

눈치 빠른 디자인이 무슨 뜻인가요?

길에서 흔히 있는 분실물 방지 디자인도 사람들의
행동을 눈치 빠르게 관찰한 결과 생겨난 거예요.
구체적으로는 교통카드 충전 기계를 예로 들 수
있습니다. 형태를 잘 보면 충전대가 수평이 아니라
45도 정도 기울어져 있어요. 굳이 기울여서 만든 이유는
충전대에 짐을 못 올려놓게 하기 위해서였죠.

**그렇군요! 물건을 올려놓기 힘드니까 분실물이 안 생기겠어요. 저
도 쇼핑백을 어디 올려놓고 까먹고 그냥 올 때가 있거든요.**

그럴 때가 있죠. 저도 그런 경험이 있습니다.
제 곤란함을 해결하기 위해서 어떻게 하면 방지할 수

있을까 생각하고 디자인으로 먼저 선수를 치는 거죠.

감동이네요.

감동하셨다니 저도 기쁘네요. 소개한 김에 더
말하자면 지하철역 발매기의 돈 넣는 투입구를
크게 만든 것도 제가 한 디자인입니다.
동전을 한꺼번에 와르르 다 넣어도 들어가니까
지하철표를 빨리 살 수 있죠.
또 전기포트의 가열 스위치도 있습니다.
스위치를 위아래로 조작해서 가열하는 방식인데,
'위에서 아래로'가 아니라 '아래에서 위로'
스위치를 올리면 작동되는 방식으로 디자인했습니다.
일부러 중력을 거스르는 동작을 하게끔 유도해서
기억에 남기 쉽게 하려는 의도였죠.
'어? 내가 스위치를 눌렀던가?' 다시 한번 확인하러
가는 수고를 조금이라도 덜 수 있도록 만들었어요.

듣고 보니 이해가 됩니다. 티는 덜 나지만 알고 보면 너무 고마운
배려네요.

오히려 순수하게 직감적인 것은 지켜야 할 때도
있습니다. 일반적인 예로는 엘리베이터 버튼이죠.
위아래 버튼은 세로로 있어야 알기 쉽잖아요. 위층으로
가는 버튼은 위, 아래층으로 가는 버튼은 아래.
그렇게 위아래 세로로 배치해 놓으면 직감적으로
누를 수 있죠. 하지만 가끔 버튼이 가로로 배치된
엘리베이터도 있습니다.
꽤 줄긴 했지만, 아직도 있어요. 그런 곳을 발견할
때마다 신경이 쓰여서 견딜 수 없습니다.

디자인으로 스트레스 혹은 실수를 사전에 방지하는 것. 그건 민감
한 관찰력이 있어야 가능한 일 아닐까요? 아키타 씨는 어떻게 그
런 걸 깨닫게 되나요?

말하자면, 행위를 민감하게 보는 겁니다.
모든 행위를 살펴보면서 '왜 그렇게 될까'라고
분석하는 습관이 있어요.

거리를 걸으면 부족한 것들이 보여서 이것저것 신경 쓰이고 피곤
하지는 않으세요?

확실히 이것저것 눈치채는 성격은 맞습니다.
하지만 제가 알아차린 것을 디자인에 반영하면
몇십 명, 몇백 명 혹은 몇천 명, 몇만 명에게
도움을 줄 수 있잖아요.
그 효과를 상상하면 눈치채는 일은 좋은 일이죠.
누구보다 제 디자인의 덕을 가장 많이 보는 건
바로 저 자신입니다.
교통카드를 충전한 다음에 물건을 안 잃어버리는
일상이 필요해서 '화면을 기울여놓자'라는
아이디어가 떠올랐던 겁니다.

본인의 일상에 없는 것을 디자인할 때는 어떻게 하시나요?

시뮬레이션해보는 경우가 많습니다.
예를 들어 어린이 손 세정제 용기에서 거품이 나오는
입구 크기를 크게 만든 것도 꽤 마음에 듭니다.
그때는 실제로 아기 인형을 안고 사람들이 어떻게
사용할지 시뮬레이션해봤습니다.
입구가 작으면 급하게 눌렀을 때 용기가 잘
쓰러진다는 걸 알고 크기 개량을 제안했죠.

지금은 다른 제조사들도 다들 그렇게 만들어서 새로운 기준이 된 것 같더군요. 이건 제 자랑거리입니다.

이렇게 제품의 형태가 진화하는군요.

성능을 높이면서 외관도 아름답게 만드는 것.
이 두 가지를 양립시키는 것이 제 목표입니다.
이론이 배경에 있다고 해도
이론을 겉으로 드러내고 싶지 않아요.

모든 일에 통용되는 이야기인 것 같습니다. 아키타 씨의 스타일리시한 디자인이 '만약 나였다면'이라는 역지사지의 관점에서 시작된다는 것도 오늘부터 따라 할 수 있을 것 같아요.

생각해보면 어렸을 때부터 계속 다른 사람 걱정을
먼저 한 덕분 같아요.
하지만 여러 상황을 염두해 만들었다고 하더라도
제 디자인은 그저 가벼웠으면 좋겠어요.
너무 신경을 많이 써서 무거워지는 건 피하고 싶어요.
자기주장이 목적이 되는 건 좋아하지 않습니다.

단순하면서도 과하지 않게 배려하는 것.

아무도 모르게 오늘도 누군가에게 도움이 되는 것.

제가 생각하는 풍족한 디자인은 바로 이런 것입니다.

좋은 일을 하면

좋은 사람과 함께 하는

좋은 일을 만날 수 있습니다.

29

내 의도는 몰라도 괜찮다.
영원한 미완성의 세계를
작은 힘으로 바꿔나가기.

―――――――――――――――――

아무도 모르게 세상의 불편을 미리 해소하는 것. 그 사실을 강조하지 않는 것. 사람들이 아키타 씨가 한 일 중 모르는 게 더 많지 않을까요?

몰라도 괜찮습니다.
문득 '그러고 보니 예전하고 달라졌네?'라고
알아보실 수도 있지만, 영원히 몰라도 상관없습니다.
저는 그런 부분을 내세우지 않아요.
하지만 이런 식으로 아무도 모르는 연구를 계속했던
제가 지금 주목받고 있다는 사실이 재미있네요.

자신이 한 일이 영원히 몰라도 괜찮다고 생각하는 아키타 씨에게 동기부여가 되는 건 뭘까요?

작은 힘으로 세상을 바꿔나가는 보람입니다.
쓰기 불편하게 만드는 변화도, 쓰기 편하게 만드는
변화도 시간이 쌓이면 몇만 배, 몇십만 배 확대됩니다.

예를 들어 한 번에 1퍼센트만 변화한다 하더라도
십만을 곱하면 엄청난 차이가 생겨요.

그렇게 세상의 풍경이 완전히 변화하는 과정을 아무도 모르게 즐기고 있군요.

그렇습니다. 흐뭇하게 바라보고 있습니다.
제가 일으키는 변화는 대단한 것이 아니에요.
분실물이 줄어들거나, 제품 용기가 쓰러지지 않는
변화는 누구에게든 가까운 일상의 한 조각이겠죠.
사소한 조각이라 해도 오늘 누군가는 작은 도움을 받고
있을지도 몰라요. 그렇게만 여겨도 '그 선을 그렇게
그리길 잘했어'라고 생각할 수 있습니다.

자신을 드러내고 싶다거나 더 인정받고 싶다는 동기부여와는 완전히 다르군요.

무언가 적극적인 뜻을 밝히기보다 단순히 좋아서,
재미있어서 하는 일이에요.
생각해보면 어른이 되기 전부터 '이걸 이렇게 만들면

좋을 텐데'라는 아이디어를 내는 걸 좋아했어요.

중학생 때 사용하던 바인더가 망가졌을 때

그 원인이 고정 부분에 있다고 생각해서 제조 업체에

개선안을 그려서 보냈던 기억이 있어요.

"이 부품의 아래 부분을 더 깊숙하게 만들면

망가지지 않을 것 같습니다"라고요.

나중에 감사 선물로 새 바인더를 받았습니다.

어른이 되고 나서는 스케치를 보내는 게 아니라

직접 바꿀 수 있는 입장이 되었을 뿐이에요.

근본적으로는 중학생 때와 아무것도 변하지 않았어요.

아키타 씨의 이야기를 듣고 있으면 세상에는 수많은 것이 넘쳐나

고 있고 여전히 진화하는 중인 것 같습니다.

얼핏 보면 모든 것이 완성품처럼 보일지도 모릅니다.

하지만 사실 제품이나 서비스 대부분은

진행형이고 미완성이에요. 한마디 더 하자면

사람이 만든 모든 것에는 반드시 의도가 있습니다.

누가 했는지 모르고 어떤 의미인지는 모르지만,

그것이 만들어질 때 어떤 의도가 있었던 것은

확실해요.

그리고 그 의도는 새로운 방향으로 바뀔 수 있습니다.

그렇게 생각하면 세계는 영원히 미완성이라고도

할 수 있겠네요. 제가 멋지다고 느끼는 것은 만든

사람의 의도가 전해지든 그렇지 않은 제품이든

사람들에게 사용된다는 거예요.

누군가가 일상에서 제 제품을 아무렇지 않게 사용하는

모습을 길에서 확인할 수 있다니, 디자이너로서 더

바랄 것이 없습니다.

완성품처럼 보이는 것들 모두
사실은 진행형이고 미완성입니다.

휴식 시간에는 일하지 않는다

○

저는 열차 안에서 노트북을 열지 않습니다. 아니 노트북은 무거워서 출장에 가져가지도 않습니다. 일을 할 수 없는 상태로 두는 거죠.

원래 프레젠테이션 자료를 만들거나 보고서를 쓰는 작업 자체가 극단적으로 적습니다. 열차 안에서는 트위터에 글을 올리거나 게임을 하기도 하고 그저 멍하니 밖을 바라보면서 시간을 보냅니다.

책에서 이런 이야기를 하는 것도 이상하지만, 사실은 열차에서 책도 읽지 않습니다. 왜냐하면 이전에 다소 무거운 내용의 소설을 읽었는데, 마침 그 책에 나오는 장소를 통과하는 바람에 굉장히 과몰입하게 돼서 나중에 힘들었던 적이 있거든요.

사무실에서도 최대한 작업을 하지 않으려고 합니다. 재작년부터 새로운 3D 소프트웨어를 사용하기 시작했고 그것과 연동해 3D 프린터기를 구매해서 여러

가지 제품을 만들고 있는데, 그 프린터는 오로지 일할 때만 쓰려고 합니다. 무슨 말이냐면, 책상이나 화장실, 주방에서 사용하는 작은 소품 같은 걸 쉽게 만들 수 있지만 그런 작업에 이용하지 않는다는 거죠.

물론 그게 일이 된다면 하겠지만요. 휴식 시간에는 되도록 작업을 하지 않는 게 제 원칙입니다.

4장

감성의 디자인

" 내 마음이
편한 것을 선택하기 **"**

30

감성은
일상생활 속에서 자란다.
디자인을 이기는 관찰력.

아키타 씨는 디자이너가 갖춰야 할 지식이나 기술을 어디에서 배웠나요?

그림과 디자인에 관한 감각은 교과서적인 기술을
흡수했다기보다 음악, 문학, 미술, 건축 같은
문화 교양에 관심을 기울이면서 자연스레
키울 수 있었습니다.
그리고 어렸을 때부터 주위에서 일어나는 일을
관찰하는 게 좋았어요.
행동과는 별개로 항상 눈에 보이는 상황을 판단했고
은연중에 느껴지는 위화감에 대해서는 민감했죠.
늘 객관적이었어요.

학교 공부는 좋아했나요?

공부를 공부라고 생각하지 않았어요.
다시 말하자면, 눈에 보이는 모든 것이 공부라고

생각했습니다.

중학교 2학년 무렵 선생님께서 "세상 모든 것은 전부 공부다"라고 말한 게 아직도 기억나요.

왜 이 기억이 선명하냐면 마침 그날 집으로 돌아가는 길에 '선생님 말이 정말이었어!' 하고 무릎을 탁 칠 만한 광경을 봤기 때문이에요.

매일 학교를 오가던 길에는 철공소가 있었거든요.

그날 문득 보니 작업하시는 분이 길고 가느다란 막대기에 감아놓은 와이어를 빙글빙글 돌리면서 풀고 있는 거예요. '아, 잡아 뽑으면 엉키니까 돌리면서 푸는구나'라는 생각을 한 십 대 소년이 세상 모든 것이 공부라는 사실에 감탄한 거죠.

교실에서 배우는 것만이 공부가 아니다.

세상의 모든 것, 눈에 보이는 모든 것이 학습의 대상이고 거기에 위아래는 없다.

이러한 생각이 제 안에 자리잡고 있어요.

일에 있어 특별한 스승은 없지만,

반대로 모든 일이 제 스승과 같죠.

아키타 씨는 이십 대 때, 무엇에 돈을 가장 많이 썼나요?

172

명확합니다. 책입니다. 밥도 잘 안 먹고 책만 샀어요.

어떤 책이죠?

소설도 많이 읽었지만, 아무래도 디자인 관련 책을
주로 샀어요. 당시에는 인터넷이 없어서 해외의
최신 디자인 정보를 얻기 위해서는 이탈리아나
독일 책을 해외 배송으로 받는 수밖에 없었거든요.
돈이 꽤 들었습니다. 마이니치 ID 상의 상금 100만 엔
대부분은 책으로 사라졌어요.

그 습관은 지금도 계속되고 있나요?

아뇨, 2000년 전후로 해외 전문지는 사지 않습니다.
디자인 업계의 환경이 변해서 아시아의 존재감이
급속하게 커졌거든요.
해외 전문지에 일본, 중국, 대만, 한국 제품 사례가
많이 실리니 굳이 해외에서 정보를 찾지 않아도
공부할 기회가 많아졌습니다.
오히려 지금은 국내에서 배울 때라는 생각이 들더군요.

또 글을 자주 올리게 된 이후에는 문체의 영향을
받지 않으려고 의식적으로 독서량을 줄이고 있어요.
예전에 비하면 책 읽는 시간이 확 줄었죠.
그래도 젊은 시절 책을 많이 읽었던 것이 시간이 지나
제 생각이나 단어 선택에 영향을 미치고 있습니다.

아이디어의 원천, 발상의 힘을 키우기 위한 힌트를 알고 싶습니다.

어렵게 생각하지 마세요.
우선 잘된 사례에 대입하거나 치환해보는 거예요.

어떤 사고방식인지 예를 든다면요?

예전에 정보 통신 기기를 제작하는 회사에서 저한테
디자인 상담을 요청한 적 있습니다. 그때 생각한 것이
대입이라는 발상법이었어요. 가령 루브르 박물관에서
사용하는 정보 단말기의 의뢰가 왔다고 대입해보는
겁니다. 일반적으로 생각하면 어디든 사용할 수 있는
범용성을 고려해야 하니 자연스레 외관과 기능까지도
그걸 따라가게 되죠.

하지만 루브르 박물관처럼 하이 브랜드면서 특수한 장소에서 쓰인다고 상상하면 외관과 기능도 특화될 것이고 나아가서 품위와 품질도 높은 제품을 만들어야겠죠. 게다가 그 유명한 장소에서 내 제품이 쓰인다면 신뢰도도 올라가고 저라는 브랜드는 큰 영향력을 발휘할 거예요. 그런 상상만으로도 가슴이 두근거리지 않나요? 저도 지금 이야기하면서 가슴이 뛰네요. 월드컵 경기장에서 사용하는 단말기에 대입해도 재미있을 것 같군요.

여러 가능성이 펼쳐지네요.

범용에 특수를 대입하면 새로운 답이 나옵니다. 대입을 통해 자유도가 높아지죠. 이 발상은 어떤 일에든 응용할 수 있을 거예요. 일단 중요한 것은 가슴이 두근거리는 일을 할 수 있는 방법을 찾는 것입니다.

아키타 씨는 세상의 모든 일, 만나는 사람, 눈앞에 펼쳐지는 사건을 독특한 시점으로 표현하는 달인 같습니다. 관찰력을 키우는 비결이 있을까요?

달인은 아니지만 디자인에서는 관찰력과 응용력이
중요합니다. 예전에 "당신의 눈에는 모든 사물이
아름답게 보이고 있나 보군요. 그것을 꺼내서
디자인하는 건가요?"라는 멋진 질문을 받은 적 있어요.
전 이렇게 대답했죠. "아뇨, 모든 것이 아름답게
보이지는 않습니다. 그렇지 않은 것도 모두 다 보여요.
그저 아름다운 부분을 트리밍하고 있을 뿐입니다."
이 대화 자체가 아름다운 것 같다는 생각이 듭니다만.

트리밍요? 잘라낸다는 뜻인가요?

네, 사진을 찍을 때 자주 사용하는 용어입니다.
전체 풍경 속에서 어느 부분을 잘라낼지 정하는 거죠.
사물을 아름답게 보이기 위한 기법 중 하나인
황금비라는 말은 알고 계시죠?
그리스의 파르테논 신전도 이 비율로 만들어졌는데요,
사람 눈에 아름답게 느껴지는 비율을 찾아내는
방식 중 하나입니다.
저는 황금비가 아니라 '황금시'라는 사고방식을
생각했습니다. 즉, 보는 사람의 노력에 따라 아름답게

176

볼 수 있는 각도가 있지 않을까 하는 것입니다.
황금비에 따라 정밀하게 만들어진 것이라 해도
보는 각도에 따라서는 그 아름다움이 변해버릴
가능성이 있거든요. 오히려 아름답게 보이는 각도를
찾아내는 것이 중요하지 않을까요?
내가 직접 아름다운 것을 보러 가는 셈입니다.

그렇군요. 최근에는 스마트폰으로도 쉽게 사진을 찍을 수 있는데요, 같은 풍경이라도 찍는 사람에 따라 사진의 매력은 상당히 바뀌죠.

아닐지도 모릅니다. 예전에 유럽의 신호등 전시회에
갔을 때, 같이 갔던 사람이 제 사진을 보고 왜 똑같은
순간에 똑같은 장소에서 사진 찍는데 결과물이
다르냐고, 너무하다고 투덜댄 적이 있어요.
저는 별로 시간도 들이지 않고 찍으니까 더 그렇게
느끼는 모양인데, 그런 감각을 익힌 거라 어쩔 수가
없어요.

그러고 보니 아키타 씨의 작업실 벽에도 건물 일부나 거리의 한 모퉁이를 잘라낸 사진이 장식되어 있네요. 이것도 혹시 본인이 찍은

사진인가요?

네, 제가 찍은 사진입니다. 다른 사람은 어떻게
생각할지 모르겠지만 그냥 내가 좋다고 느끼는 사진을
찍을 수 있다면 전 만족합니다. 감성을 최우선으로
생각하면서 풍경을 그 느낌에 맞게 잘라내는 작업을
매일 반복하니까 그런 '너무한' 사진을 순식간에
찍게 됐을지도 모르겠네요. 황금시는 황금비처럼
정확한 수치가 정해져 있는 게 아니라 훨씬
자유롭게 찍을 수 있습니다.

끊임없이 책을 읽고
다양한 것을 자주 보세요.
그리고 끊임없이 잊어버리세요.
그 후에도 남는 것이 당신의 지식입니다.

31

거리를 걷기만 해도
재미있는 발견이 있다.
관찰하면서 발휘되는
상상력.

아키타 씨는 일상생활 속에서 관찰을 즐기는 달인인 것 같은데요. 거리를 걸을 때는 어떤 시선으로 풍경을 바라보나요?

바깥을 걷기만 해도 재미있는 발견을 할 수 있어요. 최근에는 길을 걷다 길가에 있는 배수로의 모양이 재미있어 사진을 찍어서 트위터에 올렸습니다.

길가에 있는 배수로에 시선이 가다니 역시 감각이 남다르네요.

이 주변은 오래된 주택가인데, 역 앞에 높은 빌딩이 없고 낮은 상점만 드문드문 있어요. 산책로도 잘 정비되어 있어 옛날 닛카스(일본의 영화 제작, 배급사—역주) 의 세트장 같은 느낌이 드는 곳이에요. 길이 예뻐서 천천히 걷고 있는데 길가의 배수로가 눈에 띄더군요.

그러고 보니 그다지 주의 깊게 본 적이 없는데요, 아키타 씨가 찍은 도랑은 선이 깔끔하게 가늘어서 어쩐지 멋스럽네요.

예쁘지 않나요? 단차 없이 평평해서 보기에도 예쁠 뿐 아니라 철망의 간격이 촘촘해서 낙엽이나 돌멩이가 들어가지 않도록 하는 기능성도 있어요.

기능과 아름다움 모두를 헤아리는군요.

기능과 아름다움의 공존이라고 해야 할까요?
자세히 보면 세세하게 울퉁불퉁한 요철이 있어요.
이건 미끄럼 방지 기능이에요.
사람과 자전거가 미끄러지지 않도록 배려한 거죠.

그렇네요. 저도 이제 배수로를 디자인한 사람의 시점이 보이기 시작했어요.

그러고 보니 이 트윗을 올렸을 때 사진 찍는 방식이 재밌다는 댓글이 있었어요. 길가의 배수로를 찍을 때는 보통 길 중간에서 찍기 때문에 가로로 길게 또는 대각선으로 찍는 사진이 많다더군요.

182

저는 도랑이 정면으로 보이는 곳까지 가서 세로로
길게 찍은 사진을 올렸거든요.
그 점이 특이했던 모양입니다.

배수로의 세로로 긴 직선이 인상에 남네요.

이건 제 취향이에요. 제품 디자인을 할 때도 직선의
아름다움을 중시합니다. '80mm'라는 세라믹 컵,
근래 디자인한 'Nothing'이라는 가방도 마찬가지죠.
직선의 아름다움에 끌리는 건 건축을 좋아하는
디자이너라서 그럴 겁니다.
거리를 관찰하는 이야기로 다시 돌아가면 저는
가게에 들어가 상품 가격을 예상하는 놀이를 하곤
합니다. 꽤 잘 맞히는 편이에요.

상품의 가격을 안다는 뜻인가요?

상품만 보고 대략 얼마인지 예상한 뒤 가격표를
살펴보면 의외로 틀리지 않는 경우가 많아요.
가격에는 법칙이 있기 마련이거든요.

상품을 보고 제가 판단한 값에 1.5배를 곱해요.
그러면 어느 정도 매장 가격과 일치합니다.

재미있네요. 이해하기도 쉽고요. 1.5배의 법칙이군요.

판매자는 실제 가치에서 50퍼센트 정도의 이윤을
남기고 싶지 않을까 추측해서 만든 계산이에요.
반대로 계산하면 중고 매장의 매입 가격도
예상할 수 있죠.
중고 매장에서는 신제품 가격의 반값 정도로 팔고
싶을 거예요. 그렇다면 거기서 더 반값 이하로
매입하겠죠. 기껏해야 정가의 20퍼센트 정도가
상한일 거예요. 처음부터 예상할 수 있는 가격이죠.

쓸데없는 협상을 하지 않아도 되겠네요.

네, 자연스레 스트레스가 사라지는 거죠.

사물을 자세히 들여다보면
다른 사람의 시점이 보인다.

32

남에게 보여주는 것 같지만
사실은 남이 보고 있다.
내가 편하지 않으면
남도 그렇게 생각한다.

———————————————

아키타 씨가 일하는 곳은 신기할 정도로 마음이 편안합니다. 과하거나 부족하지 않게 정돈되어 있어 위압감 없는 분위기예요.

최근 시부야에서 이쪽으로 이사 왔어요.
사무실도 그렇지만 소품을 선택할 때나 어디에 놓을지 결정할 때는 괜히 멋있게 보이려 하지 않고 편안함을 추구합니다.
이 사무실에 있는 가구는 책상과 의자, 서랍장과 낮은 책장, 작은 냉장고와 전기포트, 청소기 정도입니다.
여기 있는 건 다 사용하기도 편하고 마음에 들어요.
의자도 세 종류가 있습니다.
모두 제가 좋아하는 디자이너의 의자예요.

벽에 쭉 놓여 있는 흰색 상자는 뭔가요?

뱅커스박스라고 하는 수납 상자입니다.
상자의 내용물을 단번에 알 수 있도록 '그림도구'

'물통' '금방 쓸 것'이라는 메모를 붙였어요.

그때그때 필요한 것을 적절하게 꺼내 쓸 수 있게요.

꽤 단순하죠? 이걸로 충분하다고 생각합니다.

왜냐하면 이 풍경의 주인공은 상자니까요.

이 장소의 인상을 결정짓는 주인공은 상자이기 때문에

상자 안에 뭐가 있는지는 중요하지 않습니다.

그래서 상자는 신중하게 골라야 합니다.

상자는 자기주장이 강하거든요.

상자는 물건을 수납하고 운반하는 기능 외에도

자신의 존재를 홍보하는 기능까지 하는 셈입니다.

아마존과 택배회사, ZOZO(일본 최대 온라인 쇼핑몰-역주)

는 그것을 잘 알고 있어요.

그래서 눈에 띄는 디자인을 이용해 브랜드 로고를

홍보하는 데 상자를 사용합니다.

저는 단순한 디자인에 가볍고 튼튼한 뚜껑이 있는

상자를 인터넷에서 사 늘어놓았습니다.

인테리어에서 가장 주의하는 부분은 무엇일까요?

가장 주의하려고 하는 건 멋있어 보이려고

노력하지 않는 것입니다.

일단 물건을 빈틈없이 채워놓지 않으려고 조심해요.

괜찮은 물건을 과시하듯이 늘어놓으면 꽤 멋있게

보일 수도 있을 거예요.

제가 추구하는 이미지는 좋은 물건을 자연스럽게

배치하는 것이에요.

신중하게 장식하는 게 아니라 주변에 무심코 있는 게

멋있어요. 하지만 상품 하나하나는 신경 써서 고릅니다.

언제든 물건이 말해주니까요.

무심코 있으면서도 말하는 힘이 있는 물건을 좋아해요.

이건 사람도 마찬가지입니다.

그 사람의 실력만 확실하다면 어떤 장소에 어떤 식으로

있든 존재감을 발휘하기 마련이죠.

물건도 사람도 그 자체가 가진 힘을 무시해서는

안 됩니다.

그런 경우를 보면 신경에 거슬리나요?

그렇죠. 자신의 사정에 맞춰 과하게 통제하려는

것처럼 느껴지거든요.

물건에 관해서 말하자면, 내가 보고 싶은 세계에
억지로 맞추려고 하죠.
예를 들면 냉장고와 세탁기라는 백색가전의 검은색
버전이 일제히 세상에 나온 적 있었습니다.
그 검은색에 담긴 의미는 '존재의 포기'입니다.
존재감을 없애는 거죠.
음식을 시원하게 보관하는 기능, 의류를 세탁하는
본래의 기능만 충족시키고 존재감은 최대한 제로에
가깝게 만들고 싶다는 심리의 표현이라고, 저는
해석했습니다. 애정이 없다는 느낌을 받았어요.

물건에 대한 애정이 느껴지지 않는다는 뜻인가요?

그 물건 자체를 사랑하는 마음이 없는 거죠.
그저 내가 지배하고 싶은 공간에 어울리는 것을
선택하고 싶은 것뿐입니다.
상당히 선택적인 의지가 작용하고 있어요.
그것을 나쁘다고 질책할 생각은 없습니다.
하지만 적어도 자각은 하는 게 중요해요.
덧붙여 말하자면, 전 남에게 잘 보이기 위한 것,

사랑받기 위한 것은 고르지 않습니다.

여기 있는 것들은 모두 화려하지도 않고 그렇다고

너무 밋밋하지도 않게 적절한 균형을 이루면서

저를 편안하게 만들어주고 있어요.

무심한 듯하지만 사실은 세심하게 고른다는 거죠? 그런 안목은

어떻게 가질 수 있을까요?

디자인을 생각할 때도 마찬가지입니다만,

무언가 선택할 때는 딱 하나만 생각합니다.

군더더기가 없을 것.

롱 셀러 제품은 군더더기 없이 잘 다듬어진

가장 평범한 제품이어야 합니다.

일상생활에서 사용하는 도구 역시 과하지 않고

딱 적당한 것을 고릅니다. 그리고 그런 물건은 신중하게

시간을 들여 찾아내려고 합니다.

33

몸에 걸치는 것은
책임감 있게 선택한다.
설명하지 않아도 말해주는
물건을 소유한다.

———————————————

요즘에는 효율적인 쇼핑 방식을 선호하는 흐름이 있는데요, 아키타 씨는 신중하게 시간을 들여 찾아내려고 하는군요. 어떤 식으로 찾는지 알려주세요.

저는 물건을 찾아내는 과정과 제 직감을 즐기고 있어요.
몸에 걸치는 건 특히 더 신중하게 선택하죠.
오늘 입은 청바지도 그렇고 셔츠와 안경도 그냥 가볍게
걸친 것 같지만, 모두 하나씩 신중하게 고른 것들입니다.
요즘에는 인터넷상에서 모든 걸 골라주는 서비스도
있다고 하더군요. 하지만 저는 제가 직접 선택하는 걸
좋아합니다.
물론 정보를 위해서 최근의 유행을 확인하지만
살 때는 유행 여부가 중요하게 작용하지는 않아요.
구매하고 나니 유행 중이었던 적은 있지만요.

주체적이군요.

네, 언제나 저 자신이 최우선입니다.

하나하나 책임감 있게 고른 물건으로 공간을 채우면

저절로 가장 좋아하는 공간이 되죠.

누가 대신 골라준다면 그때는 잠깐 편할 수 있겠지만

마음에 안 들거나 뭔가 잘되지 않을 때에는, 그 사람을

탓하게 되지 않을까요?

제가 스스로 선택하면 그럴 우려가 없어요.

누군가를 원망할 일이 생기지 않으니 온전해집니다.

참, 그러고 보니 최근에 재미있는 일이 있었어요.

오사카로 출장 갈 일이 있어 열차를 탔는데,

앞사람이 들고 있는 가방이 아주 멋지더라고요.

그날은 열차에 사람이 많았는데 그 가방의 주인이

마침 제 옆자리에 앉았어요.

선반에 가방 올리는 걸 제가 도와드리게 됐는데,

가까이서 보니까 선명한 오렌지색과 심플하면서도

튼튼해 보이는 케이스가 무척이나 마음에 들었습니다.

저도 모르게 "이 가방, 멋지네요"라고 말을 걸었어요.

알고 보니 그 브랜드 대리점에 근무하는 분이었어요.

프로 카메라맨들이 애용하는 가방이고 미군 부대와

방위성에서도 사용한다면서 방수성이 우수해

194

강물에 떨어져도 물이 스며들지 않는다더군요.

엄청난 우연이네요.

제가 디자이너라서 그런 제품을 보면 사족을 못 쓴다는
이야기와 제가 했던 작업을 보여주면서 이런저런
이야기를 나누다 보니 눈 깜짝할 새에 목적지에
도착했습니다. 저는 호기심이 강해서 사람들에게 말을
잘 거는 편입니다.
그 가방 주인이 신고 있던 신발은 'On'이라는
브랜드였는데 그조차도 참 센스 있다고 생각했어요.
전 그날 뉴발란스를 신고 있었지만, 며칠 전에 새로운
신발을 사려고 들른 가게에서 눈여겨본 디자인이 바로
그 브랜드의 것이였거든요.

무심코 말 걸고 싶어지는 소지품이 대화의 계기를 마련해주는군요.

참고로 돌아오는 열차 옆자리에 앉은 사람과는
말이 통하지 않을 것 같아서 조용히 돌아왔습니다.
그때는 계기가 없었다고 봐야죠.

품질이 높은 것은 편식을 초월한다.

품질이 높은 것은 말이 필요 없다.

품질이 높은 것은 가격을 초월한다.

품질이 높은 것은 동경을 낳는다.

34

호기심을
적극적으로 낭비한다.
매일 모든 뉴스를
확인할 필요는 없다.

_____

조금 전에 말한 열차에서 일어났던 일도 그렇고, 아키타 씨는 유행에 민감하고 화젯거리도 풍부하네요. 늘 다방면으로 안테나를 세우고 있다는 느낌이에요.

별로 의식한 건 아니지만,
저는 호기심을 낭비하는 걸 좋아합니다.

호기심 낭비가 뭘까요?

뭐든 느낌이 오면 조사하거나 서슴없이 직접
만져봅니다.
친구가 재미있다고 말한 영화는 기꺼이 보러 가고요.
주변에서 하는 걸 꽤 따라 하는 편이에요.
반드시 업무와 관련이 있다거나 도움이 되지는 않아도
유행을 알아두면 사람들과 대화할 때 화젯거리가
풍부해지니까요.
오사카에서 태어난 사람이라 사람들을 즐겁게 해주고

싶다는 서비스 정신이 있는지도 모르겠네요.

세상의 트렌드를 알기 위해서 매일 일과처럼 하는 습관은 있나요?

의외라고 생각할지도 모르지만 저는 신문이나 TV,
인터넷으로 매일 뉴스를 확인하지는 않습니다.

그러면 정보는 어디에서 얻나요?

일단 무작정 정보를 얻으려고 하지 않아요.
저는 제 이름을 검색해서 정보를 얻고 있습니다.
구글이나 야후, 에지Edge의 검색창에 20시간 이내
또는 일주일 이내로 조건을 설정하고, 제 이름을
검색합니다. 아키타 미치오를요.
그러면 저와 관련된 최신 뉴스 기사와 글만 추려서
정보를 확인할 수 있어요.
세상의 사건 사고도 같이 뜨는데 모두 저와 관련된
내용입니다. 이 정도 범위라면 제가 책임지고 글을
쓸 수 있는 정보죠.

인터넷에서 정보를 무한정 얻을 수 있는 시대라서일까요? 오히려 범위를 좁히는 방법을 택했군요. 자신의 이름을 검색하는 방법으로.

자기 이름을 검색한다고 하면 자의식 강한 사람으로 보일까 봐 부끄러워하는 사람이 있을지도 모르겠네요. 저는 제 발언에 책임을 지기 위한 방법으로 사용하고 있습니다.
여러 가지를 시도한 결과 이 방식이 저에겐 가장 좋다는 걸 깨달았어요.

35

평범에서 한걸음
벗어나지 않았는지 확인한다.
생활을 관찰하되
그 속에서 허우적대지 않는다.

아키타 씨가 지금 계정으로 트위터를 시작한 건 2021년 3월이죠.
그 이후로 팔로워가 10만 명까지 늘어났고요. 아키타 씨에게 트
위터는 어떤 의미인가요?

이렇게 말하긴 좀 그렇지만 심심풀이입니다.
어폐가 있을 수도 있으니 다시 대답할게요.
머릿속에 떠올랐다가 사라지는 말을 기록해두는
메모장 같은 곳입니다.
일상생활에서 문득 머릿속에 문장이 떠오를 때가
있거든요. 시인이 걸으면서 시상을 읊조리는 듯한
감각과 비슷할 수도 있겠네요.
참고로 한번 올렸던 글을 나중에 삭제하는 경우도
자주 있습니다.

어떤 글을 삭제하나요?

사람들의 반응이 미적지근했던 글은 지워요.

제가 중얼거린 글을 그대로 흘러가도록 방치하지
않고 반드시 반응을 확인하고 있어요.
찬성이나 공감을 많이 얻은 글은 남겨두고 그다지
반응이 없었던 글은 지웁니다.
이 작업을 반복하면 어떤 말이 더 많은 사람에게
울림을 주는지 경향도 알 수 있죠.
팔로워 10만 명이 될 때까지 단순히 늘기만 했던 건
아니에요. 꽤 많은 사람이 바뀌었어요.
어떤 글을 올릴 때 어떤 사람들이 반응을 보이고
팔로잉하는지, 반대로 어떤 사람이 떠나가는지
제 나름 진지하게 관찰하고 있습니다.

그냥 글을 올리고 끝내는 게 아니라 팔로워와 글에 대해 정확히
분석도 하는군요.

네, 그렇게 하면 세상의 상식이나 일반적인 감각이
어렴풋이 보입니다.
저는 초콜릿을 좋아하는데 제가 좋아하는 초콜릿
브랜드를 사진 찍어 올리니 의외로 반응이 좋더군요.
그런 걸 보면 제 취향이 꽤 일반적이라는 걸

확인할 수 있어요.

가끔 초콜릿 사진을 올리는 걸 보니 친근감이 들더라고요.

사실은 마땅히 올릴 게 없어서 올린 사진이었어요.
그 초콜릿은 잘 녹기 때문에 겨울 한정 상품인데요.
매장에 보이기 시작하면 '아 벌써 크리스마스가
다가왔구나'라는 생각이 들어요.
매장에서 1년 만에 재회하니 너무나 반가워서
트위터에 올렸는데 의외로 저와 비슷하게 생각하는
사람이 많아서 놀랐어요.
또 즉석식품이나 매일 저녁 식사 후에 먹는
아이스크림 등 제가 맛있다고 생각하거나 좋아하는
상품을 다른 사람들도 좋아하는지, 많이 팔리는지
트위터를 통해 확인하곤 하죠.

다른 숨겨진 의도가 있는 건가요?

평범이라는 감각을 확인하려고 해요.
내가 느끼기에 일반적이고 평범한 것이

다른 사람에게도 마찬가지인지 알고 싶어요.

글을 올린 후에 많은 사람의 공감이나 찬성을 얻으면

내 감각은 틀리지 않았다는 걸 알 수 있어요.

그걸 알게 되면 내 감정을 주저 없이 솔직하게

말할 수 있게 됩니다.

이런 확인 작업이 결과적으로 저를 친근하다고

느끼게끔 하는 계기가 된다면 비로소 다행이라는

생각이 들어요.

아키타 씨는 일상을 잘 관찰하고 일상에서 사용하는 제품을 디

자인하는 프로인데요. 본인의 생활감을 비치지 않는 것이 신기

합니다.

생활감이라는 건 늘 개개인 주변에 있죠.

저 역시도 저만의 일상생활이 있고요.

하지만 제 일상생활을 사람들에게 보여주는 건

몹시 신중하게 조절하고 있습니다.

생활 속에서 하는 관찰은 즐기지만, 저의 미세한

모습까지 내보이며 일상에 치이거나 찌든 모습은

보여주지 않으려고 노력하는 거죠.

언제부터 그런 생각을 하게 되셨나요?

젊었을 때부터예요.

저는 유명해질 거라고 결심했기 때문에 그 전부터

생활감을 함부로 외부에 드러내지 않으려고 했습니다.

가족 구성원과 과거의 경력도 상세히 말하지 않았어요.

지금은 누구나 인터넷으로 소통할 수 있는 시대라서 무심코 일상

을 세상에 공개하게 될 수도 있을 텐데요.

개인적으로 저는 조심하는 게 좋다고 생각해요.

SNS를 보면 자기 아이 사진을 올리는 사람이 꽤 많죠.

저는 본인의 시점으로만 사진을 올리는 그 행동이

다소 거북합니다.

물론 아이가 나중에 커서 그걸 좋아한다면 다행이지만

아이에게도 독립된 인격이 있고 자기만의 사정이

있을 거예요.

부모가 마음대로 아이를 노출하는 건 아이에게도

실례가 아닐까요?

물론 귀여운 아이의 모습을 올리고 싶은 마음은

이해합니다. 하지만 반대로 아이가 엄마 아빠 사진을
SNS에 마음대로 올린다면 어떨까요?
중요한 것은 서로 이해하려는 마음이 아닐까 싶어요.
저는 제 아이와 평생 친구처럼 대등한 관계로
지내고 싶어서 늘 그 아이는 어떻게 생각할지,
아이의 입장을 기준으로 판단하고 있습니다.

센스가 뭐냐고 묻는다면
쓸데없는 일을 하지 않는 것이라고 대답합니다.
쓸데없는 일이 뭔지 모르겠다고 한다면
그것이 센스라고 대답합니다.

36

기능을 늘리기 위해서는
기술이 필요하지만,
기능을 줄이기 위해서는
철학이 필요하다.

자신을 어떤 디자이너라고 생각하시나요?

글쎄요. 굳이 표현하자면 디자인하지 않는 디자이너.
이렇게 말할 수 있겠네요. 선문답 같나요?

디자이너인데 디자인하지 않는다는 건 어떤 의미일까요?

저는 군더더기를 덜어내고 필요한 요소만 남기는 게
디자이너의 일이라고 여깁니다.
이런 생각을 트위터에 올렸던 적이 있어요.
"기능을 늘리려면 기술이 필요하지만,
기능을 줄이려면 철학이 필요하다"라고요.
십여 년 전에 텀블러를 디자인한 적이 있습니다.
그때와 다르게 최근에는 텀블러를 사용하는
라이프 스타일이 완전히 정착해서 길거리에서도
들고 다니는 사람을 자주 볼 수 있죠.
여러 다양한 디자인의 텀블러가 있지만 요즘 텀블러의

주류는 뚜껑이 없고 직접 입을 대서 마시는 형태예요.
기능적으로도 뛰어나고 보기에도 아름다워요.
하지만 제가 디자인한 텀블러 'TSUTSU'는 이름도
'통'이라는 뜻인데요, 뚜껑이 있는 단순한 원통형이라
지금 봐도 심플하고 그야말로 '디자인하지 않은
디자인'의 텀블러라고 해도 과언이 아니죠.

오래된 디자인인데 지금 봐도 새로운 느낌이네요.

최근에는 A3 사이즈의 슬림형 토드백을 디자인했는데
색상은 검은색 딱 하나입니다.
가방의 두께는 세워놓을 수 있는 최소한의 두께인
7센티이고, 언뜻 보면 검은색 직사각형 판처럼
생겼습니다. 무게는 750그램이라서 몹시 가볍고요.
지갑과 스마트폰, 수첩, 문고본을 넣고 가볍게 나갈 때
파트너처럼 함께 다니는 존재가 되면 좋겠다고
생각하면서 디자인했습니다.
저는 가방을 안 들고 다니는 사람이라 '가방을 들고
다니지 않는 사람의 가방'이라는 다소 엉뚱한 주제로
디자인했습니다.

얇아 보이지만 물건은 꽤 많이 들어갑니다. 외출할 때
시험 삼아 다운재킷을 넣어보았더니 들어가더군요.
가방을 힘들게 만들고 말았지만요.
이 가방을 디자인할 때 유의했던 점은 기능을 최대한
줄이는 것이었습니다. 주머니도 없고 내부를 가르는
지퍼도 없습니다. 요즘 대부분 있는 스마트폰용
주머니도 없습니다. 심플한 직사각형에 짧은 손잡이만
달았습니다. 쇼핑백 같은 가방을 시도한 셈이죠.

저도 애용하며 사용하기 편한 건 물론이고 의외의 기능을 알게 됐
습니다. 이 가방은 손잡이가 짧아 어깨에 멜 수 없어서 반드시 손
에 들고 다녀야 해요. 한 손만 쓸 수 있는거죠. 그랬더니 멍하니 스
마트폰을 보는 시간이 줄어들더군요. 대신에 하늘을 올려보고 생
각하는 시간이 늘어났어요. 잃어버린 소중한 시간을 되찾은 듯한
마음이 들었습니다.

기쁘군요. 불편함이 가져온 사치라고 해야 할까요?
아무것도 하지 않는 디자인은 사실 무언가를 창출할
가능성이 높습니다. 그래서 앞으로도 디자인하지
않는 디자인을 고집하고 싶어요.

기능을 줄이는 철학을 중시하는 디자이너가 되고 싶다는 생각은
회사원 시절부터 갖고 있었나요?

네, 회사에 근무하던 시절에는 사내 회의에서
"고급 제품과 저가 제품의 기능은 비슷해진다"라고
주장했어요. 그때 앞서 언급한 "기능을 늘리려면
기술이 필요하지만, 기능을 줄이기 위해서는 철학이
필요하다"라는 말이 탄생했습니다.
새로운 회사로 이직하고 몇 년이 지났고 당시 최고급
제품을 디자인하고 있었을 때였어요.
무작정 기능을 늘리는 일은 고급품에 걸맞지 않고
오히려 기능을 최대한 줄이고 기본 성능의 질을
높이는 것이 '진정한 고급'이 된다는 뜻으로
한 말이었습니다.
누군가의 인상에 남는 말을 한 것이 기쁘더군요.

아무것도 하지 않은 디자인이
무언가를 창출할 가능성이 높다.

37

무조건 상냥한 태도가
친절은 아니다.
상대에게 맡기는
소통의 방법.

_____

복잡한 내용을 간결하고 쉬운 말로 바꾸는 능력은 언제부터 갖추게 되었나요?

회사원 시절부터 요약을 잘한다는 말을 자주 들었습니다. 예를 들어 회의가 시작된 뒤 30분 정도 늦게 들어온 사람이 무슨 얘기를 하고 있었냐고 제게 물으면 쓸데없는 정보는 모두 잘라내고 한두 가지로 요약하는 일을 잘했죠. 쓸데없는 내용을 제가 판단했다는 점에서 보면 맹랑한 사람이었지요. 하지만 그런 의미로는 아주 대담하게 내용을 잘라냈습니다.

디자인을 할 때 기능을 줄이는 이야기와도 일맥상통하는군요.

그렇죠. 특히 중요한 것은 첫 번째 한마디입니다. 그 첫 한마디의 질이 낮으면 그 뒤의 이야기는 머릿속에 들어오지 않거든요.

설명할 때도 일단 첫 한마디를 하고 상대의 반응을
보면서 어느 정도로 쉽게 설명할지 감을 잡습니다.
추상적이고 수준 높은 말을 쉽게 바꾸는 일은
할 수 있지만 그 반대의 경우는 어렵거든요.
그래서 처음에 하는 말은 일부러 조금 어렵게 하는
경우가 많습니다.
예전에 어떤 편집자분이 해준 말 중에 "아키타 씨는
상대방에게 잘 보이려고 말의 수준을 낮추지 않아서
좋아요"라는 게 기억에 남네요.

무슨 뜻인가요?

조금 어려운 표현이라 해도 이 정도는 상식이니
알고 있었으면 하는 말은 쉽게 풀지 않고
그대로 쓴다는 뜻이에요.
물론 어려운 한자에 독음을 붙이는 배려는 합니다.
내가 안다는 것을 자랑하는 게 아니라
이 정도는 알아두는 게 좋다는 메시지예요.
뭐든 쉬운 표현으로 바꾸는 것이 진정한 친절이라고
생각지 않습니다.

아키타 씨의 트위터를 보고 깨달은 게 있어요. 글을 올릴 때 웃음 표시를 쓰지 않더라고요. 안 쓰는 이유가 있나요?

네, 제 철칙입니다. 쓰지 않기로 정했습니다.
내 글을 보고 웃으면 좋겠다고 생각해도
제가 먼저 웃지는 않습니다.
받아들이는 상대에게 감정을 맡기는 게
소통의 예의라고 생각하거든요.

이해했습니다. 또 신경 쓰는 예의가 있을까요?

굳이 예를 들자면 오랜만에 글을 올리면서
"오래 기다리셨습니다"라고 쓰는 사람이 있잖아요.
저는 이 말이 다소 강요하는 것처럼 느껴지더라고요.
기다렸는지 아닌지도 모르는데 말이죠.
그리고 계정 소개란에 자신을 '○○선생'이라고 써놓는
사람도 좀 거북합니다. '씨' 같은 존칭도 마찬가지고요.
이런 호칭들은 내가 스스로 붙이는 게 아니라
날 부르는 상대가 정하는 게 알맞거든요.
물론 시대가 달라졌다는 생각이 들긴 합니다.

그래도 어느 쪽이 정하는 사람인지는 틀리지 않도록
주의하려고 합니다.

메일을 쓸 때도 이런 식으로 주의하는 게 있나요?

웃음 표시도 안 쓰지만 느낌표도 절대로 안 씁니다.
계절 인사도 별로 안 하고요.
문장을 길게 쓰지 않으니 차가운 인상을 남긴다는
말을 들은 적도 있습니다.
제가 중시하는 건 중요한 문장을 제일 처음에 쓰고
전체적인 문맥의 흐름에서는 기본적으로 칭찬을
하는 것입니다.
자연스럽게 상대방에게 나쁜 말은 쓰지 않는 것이죠.
상대방이 읽고 불쾌할 만한 문장은
스스로가 읽어도 불쾌하기 마련이거든요.

내가 당해서 싫은 일은
다른 사람에게도 하지 않는다.

38

가치관이
일치할 필요는 없다.
서로의 다름을
이해하기.

_____

아키타 씨는 디자이너로서 수많은 실적이 있는데 매일 트위터에 올리는 글로도 사람들을 매료시키고 있죠. 요즘 말로 하면 '형태와 말의 이도류(양손에 무기를 하나씩 들고 싸우는 방식—역주)' 같은 존재라고 생각하는데요. 디자인과 글의 균형은 어떤 방식으로 조정하고 있나요?

일단 설명할 수 있는 디자인은 예전부터
하고 싶었던 것이고 지금껏 실천해왔습니다.
구태여 하는 변명이 아니라 설명입니다.
그런 의미에서 형태를 언어로 바꾸는 데 있어
역사가 있습니다.
제 글은 어디까지나 디자인 해설의 연장선일 뿐,
정서적이거나 문학적이지 않습니다.
글을 쓸 때도 제품을 디자인하고 있을 때와 같은
감각을 유지하고 있습니다.
문장이라기보다 글자 전체를 하나의 구조로 보고,
트위터도 전보처럼 글자당 비용이 든다고 상상하죠.

문장의 부품 수(문자 수)를 최대한 줄여서
기능을 최대화하려는 작업을 놀이처럼 하기도 합니다.
제가 제일 중요하게 여기는 건 아름답지 않은 말이나
표현은 쓰지 않는 것입니다.
또한 전문용어나 외래어도 되도록 쓰지 않습니다.
알기 쉬운 문장은 우리 주변의 쓰기 편한 제품과 같은
것이죠.

말에서도 기능을 디자인하는군요.

얼마나 읽기 쉽고, 쓰기 편하고, 기억하기 쉬운 언어로
정리하는지가 관건입니다.
그런 관점으로 퇴고하는 사람은 별로 없을 테니까 특이
하게 보일지도 모르겠네요.
제게 특별한 어휘력이나 문장력이 있다고 생각하지
않습니다.
하지만 관찰이 디자인을 이길 수 있는 것처럼,
관찰이 문장력을 이긴다는 것을 마음에 담아두고
평소 다른 사람의 생활을 오래 관찰해왔습니다.
이것이 문장의 질을 결정짓는 요인이 되는 것 같고요.

224

어쩌면 이런 걸 문장력이라고 하는지는 모르겠네요.
적어도 모두가 경험하고 있는 것을 단순하고
알기 쉽게, 다른 관점으로 표현할 수 있다면
매력적인 문장을 쓸 수 있을 거예요.
결국 문장력이 아닌 소통이란 무엇인가로 귀결되는
이야기겠군요.

언어의 힘은 문장력이 없어도 성립한다는 메시지에 용기가 생기
네요.

늘 상냥하고 정중한 문장을 쓰려고 한 결과입니다.
수많은 사람이 제 말을 들어주고 있고
다들 상냥한 표현을 좋아한다고 생각해요.
덧붙여 또 하나 하고 싶은 말이 있습니다.
말을 이해한다고 해서 반드시 가치관을 공유할 수 있는
건 아니라는 사실입니다.

타인과 가치관을 공유할 수 있는 건 좋은 일 아닌가요?

물론 공유할 수 있는 건 좋은 일이죠.

하지만 '가치관 공유'는 '가치관 일치'와는 달라요.
내 가치관을 제시하면 타인의 가치관과 어떤 차이가
있는지 선명하게 드러난다는 뜻입니다.
즉, '그건 잘 모르겠는데'의 '잘 모르는' 부분을
명백하게 하는 일이 가치관의 공유라는 것을 알면
자신의 가치관을 제시하는 게 두려워질 것입니다.

세상은 '칭찬할 수 없는 것'이
최상급 평가일 때도 있다.

39

무엇을 쓰기보다
무엇을 쓰지 않을까
고민한다.
나 자신을 분석하고
지금의 심정만 쓸 것.

_____

트위터의 팔로워가 어느 날 갑자기 7만 명이나 늘었다고 들었습니다. 어떤 이유일까요?

솔직히 무슨 일이 일어났는지 모르겠어요.
2021년 3월에 지금 계정으로 트위터를 시작했습니다.
8개월 동안 팔로워는 20명뿐이었어요.
제가 아무도 팔로잉하지 않으니 팔로워가 늘어날
이유가 없었죠. 그조차 놀랍다고 생각했습니다.
12월 어느 날, "기능을 줄이려면 철학이 필요하다"라는
문장을 제 이름과 함께 트위터에 소개한 분이 있었어요.
그때 급격하게 팔로워가 1,200명 정도 늘었어요.
알림음이 끊이질 않더군요.
다음 해 2월에도 신호등 이야기가 폭발적인 반응을
얻으면서 약 2만 명까지 늘었습니다.
그 후로 몇 개월 정체하다 7월 이틀간 7만 명이 늘어
9만 명까지 올라가더군요.
이유는 잘 모르겠습니다. 정말로 모르겠어요.

어떻게 팔로워를 늘렸는지 그 이유로 책을 쓰자는
제안도 받았지만 정말로 이유를 몰라서 책을 쓸 수도
없어요.
하지만 '와닿는다' '좋은 말이다'라는 댓글을 보고
처음으로 말에는 보이지 않는 어떤 힘이 있다는 것을
깨달았습니다.

트위터뿐 아니라 SNS에 문장을 쓸 때 주의하는 점을 물어봐도 될
까요?

무엇을 쓸까를 생각하지 않고 무엇을 쓰지 않을까.
이것에 대해 생각합니다. 단순하죠?
뉴스는 물론이고 정치나 경제, 사생활조차 쓰지 않아요.
식사나 여행에 관해서도 쓰지 않고요.
많은 사람이 '쓸 만한 소재'라고 생각하는 건 쓰지 않고
현재 내가 느끼는 심정만을 쓰려고 합니다.
철저하게 나 자신을 분석하고 돌아봅니다.
디자인할 때처럼 싫증 나지 않고, 한 번 더 생각해야
알게 되는 문장을 쓰지 않도록 많이 연구합니다.
언제 쓴 문장인지, 특정 시기를 느끼지 못하게끔

하려고 노력하고 있어요.

본래 현시대를 투영한 것이 SNS일 텐데 말이죠.

어쩌면 그냥 별난 할아버지라 생각할지도 모르겠네요.

40

나의 형태를
단정 짓지 않는다.
멍하게 있는 상태도
인정한다.

_____

SNS 글쓰기를 이야기하며 '디자인할 때처럼'이라고 했는데요, 디자인하는 일과 문장을 쓰는 일의 균형 조절을 어떻게 하는지 사람들이 알고 싶어 할 것 같아요.

어렸을 때 이야기를 하자면, 저는 초등학생 때도
글을 써서 상을 받은 적도 없고 국어 성적이
뛰어나게 좋았던 적도 없어요.
그림으로는 초등학교 1학년 때 지역 대회에서
가작으로 입상한 것이 전부고요.
과거의 영광이 없으니 마음이 편했다고 할 수 있죠.
지금 와서 생각해보면 부모님께서 과도한 기대를
하지 않았던 것이 제게 좋은 영향을 미쳤던 것 같아요.
대신에 제가 하고 싶다고 말한 것을 반대한 적도
없었습니다.
부모님께서는 저를 아이가 아니라,
인간으로서 인정하고 신뢰해주셨던 게 분명해요.

기대하지 않고 신뢰해준 일이 왜 좋았나요?

성적이 좋았던 시절이 없으니까 처음 하는 것처럼
글도 마음껏 쓰고 그림도 마음껏 그릴 수 있었어요.
이 대답에서 오해를 살 수도 있으니 진지하게 보충
설명을 하자면, 어린 시절부터 책은 많이 읽었습니다.
그림을 많이 그리진 않았지만, 미술을 보는 건
좋아했어요.
정리하자면 그림(디자인)과 문장이 뒤섞인 채 함께
성장했고, 먼저 그림으로 디자인 분야에서 빛을
발하고 몇십 년 뒤 뒤늦게 문장이 빛을 발해서 지금
그 두 가지가 종합적으로 작용하고 있는 상태가
현재의 제 모습입니다.
그러니까 제 머릿속에서는 늘 '말과 형태'가 함께
움직이고 있었던 거죠. 오히려 형태를 언어로
표현한다는 것이 무엇인지 잘 모르겠어요.

아키타 씨 자신도 잘 모르는군요.

분명하게 생각하는 건 있어요.

나의 형태를 단정 짓지 않는 것이 중요합니다.

제 생각이지만 아마 어린 시절부터 글을 잘 썼거나 그림을 잘 그려서 대회에서 입상할 정도의 사람은 다른 공부도 잘했을 거예요. 그래서 작가나 화가의 길을 택하지 않았을지도 모르죠.

많은 사람이 어린 시절부터 뛰어났던 성공자의 사례를 자기 아이에게도 적용하고 싶어 합니다.

만약 아이를 그렇게 키우고 싶다면 부모가 먼저 똑같은 성공 경험이 있어야 설득력이 있습니다.

적어도 저는 그렇게 못하겠더라고요.

내가 하고 싶었던 일은 내가 하면 됩니다.

내 꿈을 아이에게 투영하겠다는 마음은 없어요.

아이가 멍하니 있는 모습도 받아들이고 인정해주는 것도 중요하거든요.

멍하니 주변을 느끼고 있는 아이의 감성을 소중하게 지켜보면 좋겠어요.

스스로 '어떤 사람'이라고 정해놓지 마세요.

아무도 그 사실에 관심이 없습니다.

스스로 자신을 구속하고 있을 뿐입니다.

41

성공할수록
편한 길과 멀어진다.
다리를 살짝 구부려
몸의 중심을 옮겨보자.

_____

대답하기 어려운 질문일지도 모르겠는데요. 개인적으로 아키타 씨가 나이와 인생을 어떻게 받아들이고 있는지 궁금합니다.

지금 제가 일을 맡고 있는 회사의 창업주이자 회장과 5년쯤 전에 식사했을 때 이런 말을 들었습니다. "80세 가까이 되면 좀 편해질 줄 알았는데 아직도 문제가 산더미야. 여기저기서 생각지도 못한 문제가 계속 터져서 마음 편히 있질 못하겠다니까." 60여 년 동안 한 우물만 파서 그 분야 최고 회사로 성장시키고도 마음 편히 있을 수 없다는 얘기를 들으니 저도 모르게 기분이 좋아지더군요.

기분이 좋아졌다고요?

위로 얼마나 올라가든 사회적으로 얼마나 성공했든 그것이 마음의 해방을 의미하지는 않는다는 걸 알게 된 것 같았거든요. 오히려 위로 올라가면 갈수록 편한

길과는 더 거리가 멀어지는 것 같습니다. 그래서 더
각오를 다져야 하는 거죠. 더한 고생이 기다리고 있으니
회피하지 말고 받아들이자는 각오를요.
비유하자면 스키를 탈 때 허리를 뒤로 빼면 속도
조절을 못 해서 넘어지게 되거든요. 하지만 무릎을
살짝 구부려 스키 발판에 내 중심을 실으면 오른쪽과
왼쪽, 가고자 하는 방향으로 스키를 조절할 수 있게
됩니다.
마찬가지로 내가 하는 디자인과 글에 있어서도
나의 중심을 싣는 것이 중요해요.
질문의 대답이 되었는지는 모르겠네요. 하지만
아직은 나이든 인생을 심각하게 고려할 단계는
아니라고 봅니다.

될 대로 되라는 말은 아무것도
안 해도 된다는 뜻이 아닙니다.
정확히 내가 한 노력에 따라
될 대로 될 것입니다.

맛있는 토마토를 키우는 방법

○

트위터 팔로워 수가 10만 명을 넘었지만 사실 전 아직
도 팔로잉하는 사람이 없습니다. 팔로잉은 0, 팔로워
는 10만입니다. 트위터만 그런 게 아니고 인스타그램,
블로그 역시 팔로잉하는 사람이 많지 않고 페이스북
같은 경우에는 친구 숫자 자체가 적습니다. 어찌 보면
쿨하다 할 수도 있겠지만 가장 큰 이유는 세상의 정보
를 찾아보지 않아서 입니다.

제게 SNS는 아웃풋을 위한 공간입니다. 디자인 정보도
SNS를 통해 보지 않습니다. 하지만 재미있는 사실은
제가 아웃풋을 하면 정보가 딱 알맞은 정도로 들어온
다는 사실입니다. 자유형 동작을 할 때 숨을 뱉은 후 '스
읍!' 하고 숨을 들이마시는 느낌 정도로만요. 완전하게
세상과 단절되는 상태가 되지 않기 때문에 재미있습니
다. 이렇게라도 숨을 마시지 않으면 살 수도 없겠죠.

저는 거리에 자주 나가 매장을 둘러보면서 미디어가
전해주는 과장된 정보가 아니라 직접 보고 피부로 느

낄 수 있는 정보를 흡수하려고 합니다. 언제부터 이렇게 거리를 배회하는 도인 같은 사람이 되었는지를 곰곰 생각해보면, 매년 해외 배송으로 주문하던 디자인 연감을 사지 않기로 결심한 2000년부터였던 것 같습니다.

그때까지는 해외의 최신 정보를 민감하게 확인했습니다. 제가 한 디자인인지 해외의 디자인인지 구분이 안 될 정보로 푹 빠져 있었습니다. 그러다 이래선 안 되겠다는 생각이 들었습니다. 세기가 바뀌는 그 시기에 저도 달라지기로 결심한 것이죠. 재미있는 사실은 매번 사던 디자인 연감이 없다고 딱히 곤란한 일이 생기는 건 아니라는 것입니다. 인터넷이 보급되어 마음만 먹으면 언제든 조사할 수 있는 환경이 되니 더 이상 갖고 있을 필요도 없어졌고요.

제목의 토마토 이야기를 하지 않는 것이 이상하다고요? 토마토는 척박한 땅에서 물도 거의 안 주고 키우면 굉장히 진하고 맛있는 열매를 수확할 수 있다고 합니다. 제 상황을 토마토의 재배 환경에 비유하고 싶군요. 2000년 이후로 나의 토마토는 더 진하고 맛있어졌습니다.

저는 이웃집 잔디가

푸르게 보였던 적이 없습니다.

평소에 잔디를 관리하는 일이 얼마나 힘든지

잘 알고 있기 때문입니다.

("이웃집 잔디는 푸르게 보인다" 남의 것이 더 좋아 보인다는 일본 속담―역주)

이 문장이 이 책의 근간에 자리 잡고 있다고

아키타 씨는 말했습니다.

주위에 흔들리지 않는다는 건 주위를 무시하고

내 마음대로 행동한다는 뜻이 아닙니다.

상대방을 잘 살펴 마찰 없는 관계를 맺을 수 있는 것.

모든 일에 기대를 내려놓고

나 자신에게 솔직해질 수 있는 것.

매일매일 주변을 관찰해 일상의 아름다움을

깨달을 수 있는 것.

이게 바로 기분의 디자인이 아닐까요?

물론 모든 순간을 기분 좋게 있기란 어려울지도
모릅니다. 누구나 불안과 초조, 분노를 느낄 때가
있습니다. 아키타 씨와 대화하면서 깨달은 것은 자신이
어떤 사람인지를 단정 짓지 말고 여백을 갖는 것이
중요하다는 사실입니다.

나는 약합니다.
그 덕분에 다른 사람의 마음을
이해할 수 있습니다.

아키타 씨가 말하듯이 자신의 단점이나 부정적
감정조차도 시점을 달리하면 기분 좋게 사는 데
필요한 요소가 됩니다. 이 책에서 마음에 남는 말을
단 하나라도 찾으면 분명 일상을 보내는 마음이
풍요로워질 것입니다. 푸른 잔디를 보더라도 남과
비교하지 않고, 잔디를 관리하는 사람의 노고를
떠올리게 될 것입니다. 긴 시간 진행한 인터뷰에도
아키타 씨는 줄곧 웃고 있었거든요.

이야기를 마치며

세상에는 자기 입으로 말하기엔 너무 노골적이라서 하기 꺼려지는 이야기가 있죠. 제가 지금 그런 이야기를 해버린 것 같기도 합니다. 그저 저는 트위터나 블로그에도 여백의 디자인을 생각하면서 글을 써왔습니다. 제가 말하지 않은 부분은 읽는 사람이 상상해서 채워 넣길 바라면서 말이죠. 그래서 어떤 의미로는 제 글이 모두에게 통하기란 어려울 거라 생각했습니다. 그런데 오히려 채워 넣는 행위에 재미를 느끼는 사람들의 눈에 들어 출판까지 하게 됐으니 참 재미있는 세상이라는 생각이 듭니다.

작년에 출판한 저의 첫 번째 책『나 자신에게 말을 걸 때도 존댓말로自分に語りかける時も敬語で』역시 여백의 디자인을 중시해 말을 하지 않고 상상에 맡기는 책이었습니다. 두 번째 책을 또 비슷한 스타일로 내면 재미가 없을

것 같아 이번에는 사람들이 알고 싶어 하는 것을 인터뷰 형식으로 질문하고 그 대답을 문장으로 남기자고 제안했습니다. 그 기획의 결과로 나온 책이 바로 『기분의 디자인』입니다.

옷차림에 관한 이야기에서도 언급했지만, 저 자신도 제가 어떤 사람인지 모릅니다. 솔직히 사람들이 무엇에 관심이 있는지조차 잘 모릅니다. 그래서 질문자 역할은 인터뷰 전문가 미야모토 에리코 씨에게 부탁했습니다.

저만 아는 비밀로 하고 싶었던 이야기까지 듣고 싶다는 열정에 못 이겨 모두 털어놓은 바람에 약간은 부끄러운 마음도 있습니다. 하지만 이 책을 통해 평소에는 보이지 않았던 부분을 깨닫게 될지도 모릅니다. 그것만으로도 가치가 있다면 다행입니다.

제품 디자이너 **아키타 미치오**

옮긴이 최지현

한양대학교에서 일어일문학을 전공하고 한국외국어대학교 통번역대학원 한일과를 졸업한 후 MBC 편성기획부, ㈜한국닌텐도 등 기업에서 통번역사로 근무했다. 이후 일본어 출판번역가로 활동하며 출판번역 에이전시 글로하나에서 일서 번역과 검토에 힘쓰고 있다. 역서로『무조건 팔리는 심리 마케팅 기술 100』,『돈이 되는 말의 법칙』,『스크럼』,『오늘날의 치료 지침』등이 있다.

기분의 디자인

초판 1쇄 발행 2023년 9월 15일
초판 2쇄 발행 2023년 11월 13일

지은이 아키타 미치오 **옮긴이** 최지현

발행인 이재진 **단행본사업본부장** 신동해
편집장 김경림 **책임편집** 박주연
디자인 최희종 **국제업무** 김은정 김지민 **마케팅** 최혜진 이인국
홍보 반여진 허지호 정지연 송임선 **제작** 정석훈

브랜드 웅진지식하우스
주소 경기도 파주시 회동길 20
문의전화 031-956-7213(편집) 031-956-7089(마케팅)
홈페이지 www.wjbooks.co.kr
인스타그램 www.instagram.com/woongjin_readers
페이스북 www.facebook.com/woongjinreaders
블로그 blog.naver.com/wj_booking
발행처 ㈜웅진씽크빅
출판신고 1980년 3월 29일 제406-2007-000046호

한국어판 출판권 ©웅진씽크빅, 2023
ISBN 978-89-01-27526-0 03190